Mañana

Para usar como complemento del Programa
del Diploma del BI: Español Lengua B

Mañana

Para usar como complemento del Programa del Diploma del BI: Español Lengua B

Rosa Parra Contreras, Marina Durañona y Carlos Valentini

Coordinación pedagógica : Tita Beaven

Published by Advance Materials, 41 East Hatley, Sandy, Bedfordshire, SG19 3JA, U.K.

www.advancematerials.co.uk

Other books in the series

Mañana, libro del profesor: 978 0 9565431 3 4

Le monde en français, livre de l'élève: 978 0 9559265 9 4

Le monde en français, livre du professeur: 978 0 9565431 2 7

First published 2011

Reprinted with revisions 2011, Reprinted 2012

© Advance Materials 2011

British Library Cataloguing-in-Publication Data

A catalogue record for this book is available from the British Library

Printed in the UK by Cambrian Printers Ltd
ISO-14001 accredited with award winning Environmental Management Systems
Printed on FSC mixed sources paper.
• Pulp from an FSC-certified forest
• Controlled Sources, which exclude unacceptable forestry
Chain of custody number TT-COC-2200
www.fsc-uk.org

The publisher has made every effort to trace copyright holders and obtain permission for copyright material. If any acknowledgement has been omitted, the publisher would be grateful for notification and corrections will be made as soon as possible.

This book has been developed independently of the International Baccalaureate Organisation, which in no way endorses it.

Cover design : Glen Darby

Book design: Peter Devine and Glen Darby

Editors: Mike Britton and Andrea Anguera Alemany

ISBN: 978 0 9565431 0 3

Mañana

Para usar como complemento del Programa
del Diploma del BI: Español Lengua B

Rosa Parra Contreras, Marina Durañona y Carlos Valentini

Coordinación pedagógica : Tita Beaven

Índice de materias

UNIDADES LITERARIAS

TIPOS DE TEXTO p199

Introducción

Nuestro libro, *Mañana*, responde a los requisitos del nuevo programa del Bachillerato Internacional, para Español Lengua B, que se desarrollará a partir del año 2011.

Con ese fin, sus unidades incluyen temas y actividades acordes a los nuevos requerimientos. Una de las principales características que ofrece el nuevo programa es su enfoque temático.

Se proponen:

Tres TEMAS TRONCALES.

- Comunicación y medios
- Cuestiones globales
- Relaciones sociales

Cinco OPCIONES TEMÁTICAS, entre las cuales el Profesor elegirá **dos** para desarrollar en su programa.

- Diversidad cultural
- Costumbres y tradiciones
- Salud
- Ocio
- Ciencia y tecnología

En el Nivel Superior se estudiarán además dos OBRAS LITERARIAS.

Todos los temas están situados en el contexto cultural de la lengua que se estudia. El enfoque no está restringido a un orden específico ni a una delimitación rígida, por lo que los temas pueden aparecer interrelacionados o considerados desde diversas perspectivas.

Teniendo en cuenta la amplitud de este enfoque, hemos creído conveniente que cada profesor pueda incluir las diferentes unidades en diferentes campos temáticos según su criterio, por lo que sugerimos un TEMA TRONCAL y una OPCIÓN TEMÁTICA dentro de los que se encuadran los contenidos tratados. Esta sugerencia no es exhaustiva y admite también otras posibilidades de enfoque.

Para orientar el trabajo sobre LITERATURA, incluimos también unidades con contenidos literarios, en las que proponemos sólo el aspecto temático al que responden, nuevamente con el fin de que cada profesor se sienta libre de contextualizarlas según sus propias necesidades.

A la vez, los temas están considerados en su dimensión intercultural y responden a una variada gama de intereses atractivos para los jóvenes.

En todos los casos, los textos son auténticos y representativos de diferentes países donde se habla el español.

Las actividades que incluyen las diferentes unidades pretenden desarrollar todas las habilidades y destrezas necesarias para el aprendizaje de una lengua, al mismo tiempo que abren el camino para configurar las características de un alumno activo, inquieto, investigador y reflexivo en concordancia con las pautas requeridas por el Perfil del Aprendizaje que concibe el Bachillerato Internacional.

En síntesis, a lo largo del desarrollo de sus unidades, el libro incluye:

- textos auténticos
- textos literarios
- preguntas de comprensión lectora
- tareas escritas
- tareas orales
- teoría y prácticas textuales
- actividades de preparación para los exámenes orales y escritos
- propuestas interculturales

En el **Libro del alumno** se encuentran todas las actividades para hacer en el aula, y en el **Libro del profesor** se incluye la fundamentación de las actividades propuestas en el **Libro del alumno**, se sugieren modos de enfoque de dichas actividades y se ofrecen las respuestas a los ejercicios planteados.

En la segunda parte del **Libro del alumno** se incluye también una sección destinada a los tipos textuales (**Tipos de textos**) donde se sistematizan sus principales características y se proponen actividades de comprensión y producción específicas. En esta sección el alumno tendrá ocasión de volver a estudiar algunos de los textos que ha visto en las unidades, como un artículo informativo, un texto descriptivo, o una carta, pero esta vez el texto aparece comentado desde el punto de vista formal y estilístico. Al final de cada unidad de esta sección hay un *Taller de textos*, que invita al alumno a buscar sus propios ejemplos de los distintos tipos de textos, e incluso a escribir alguno él mismo, para que al final del curso, el estudiante cuente con una verdadera antología de textos propios y ajenos representativos de cada formato estudiado.

Las unidades siguen una progresión de dificultad determinada por la complejidad de los textos y de las cuestiones gramaticales estudiadas, pero cada profesor podrá disponer de ellas como conjunto autónomo en caso de querer utilizarlas en un orden diferente del propuesto.

Todas las actividades incluidas en las unidades pueden ser utilizadas por los estudiantes de Nivel Medio y de Nivel Superior, pero algunas de ellas, por su nivel de dificultad, han sido pensadas como especialmente aprovechables por los estudiantes de Nivel Superior. En ese caso, están señaladas con la indicación NS en el libro del profesor. **(NS)**

Este libro es una buena muestra de la interculturalidad del nuevo programa de Lengua B puesto que en él se podrán encontrar acepciones lingüísticas y culturales, entre otras, de los países de procedencia de los autores: Argentina y España.

Llamamos a nuestro Libro *Mañana* porque creemos en la proyección del español hacia el futuro, porque la **ñ** nos representa con identidad propia y porque el nuevo Programa de la Lengua B abre nuevas expectativas e incrementa el conocimiento intercultural, presente en este libro. Esperamos que esas expectativas se cumplan en la recepción que este trabajo encuentre entre los docentes y alumnos, así como en el crecimiento que experimenten los estudiantes que recorran activamente sus páginas.

Rosa Parra Contreras

Marina Durañona

Carlos Valentini

tráfico
trastornos
sonoros
enmudir
regulación
contaminación
molestias
música
oído
gritos
ruido
ordera
recomendar
salud
mp3
sonido

Unidad 1: El ruido

Relaciones sociales – Salud

Tema troncal	Relaciones sociales
Opción temática	Salud
Tipo de texto	El artículo periodístico informativo
Contenidos gramaticales	El presente irregular Formas no personales del verbo

Para empezar

1. Conversa con tus compañeros para responder a esta pregunta: *¿Qué es el ruido?*

2. Busca en el diccionario la definición de "ruido". ¿Es igual a la que has discutido con tus compañeros?

3. Mira las imágenes que aparecen a continuación. ¿Qué titular te parece más adecuado para cada imagen? Relaciona las imágenes con los titulares que encontrarás debajo.

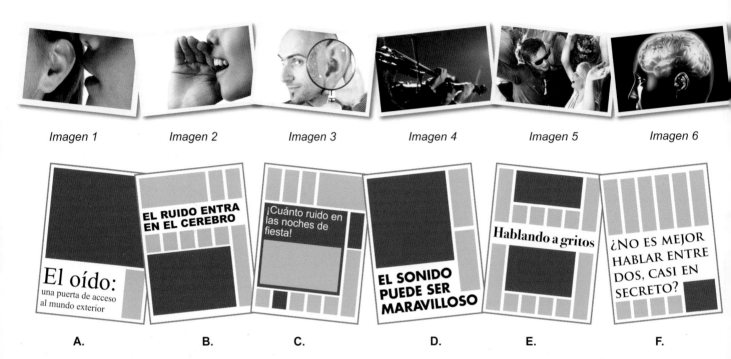

Imagen 1   Imagen 2   Imagen 3   Imagen 4   Imagen 5   Imagen 6

A.   B.   C.   D.   E.   F.

4. Busca en periódicos, revistas e Internet imágenes vinculadas al ruido y a los sonidos. Junto con tus compañeros, propón un título para cada una de ellas.

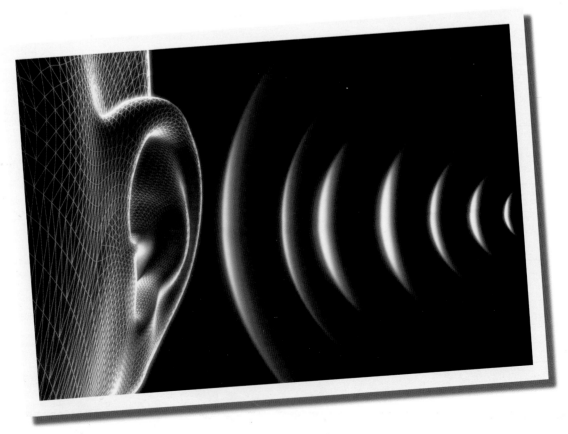

5. Lee el siguiente texto.

DEPARTAMENTO DE SALUD Y CONSUMO Y LA FUNDACIÓN ECOLOGÍA Y DESARROLLO

El ruido perjudica la salud

Según la sensibilidad de cada persona y el nivel y tiempo de exposición, **determinados ruidos afectan a la salud de diferentes maneras.**

[– SUBTÍTULO I –]

Los ruidos pueden provocar diferentes trastornos en el organismo. El deterioro del sistema auditivo (sordera, dolores de oído, vértigos, etc.) preocupa a la Unión Europea que estima que escuchar música en reproductores individuales (MP3, teléfonos móviles, etc.) más de una hora al día cada semana durante al menos cinco años puede provocar una pérdida irreversible de audición. **1**

Una exposición a la contaminación acústica continuada también puede afectar el funcionamiento psíquico (molestia, pérdida de rendimiento escolar y laboral, irritabilidad, agresividad, insomnio, etc.). Incluso puede generar **afecciones a funciones vitales** (en el sistema cardiovascular, aparato respiratorio y digestivo, o sistema nervioso vegetativo). **2**

[– SUBTÍTULO II –]

Hay que tener en cuenta también que existen **grupos especialmente vulnerables**, como las personas con enfermedades o problemas médicos específicos (por ejemplo, hipertensión), los internados en hospitales o convalecientes en casa, los individuos que realizan tareas intelectuales, y otros grupos de población como no videntes, bebés, niños pequeños y ancianos. **3**

Además, las personas con problemas de audición son las que tienen más problemas en la comunicación oral. **4**

[– SUBTÍTULO III –]

Las fuentes principales de ruido en el exterior de los edificios son el tráfico de vehículos a motor, de trenes y de aeronaves, la construcción y las obras públicas, los espacios de ocio y los que producen los ciudadanos en su vida diaria. En cuanto al ruido en interiores, las fuentes habituales son los sistemas de ventilación, la maquinaria de oficina y de talleres, los electrodomésticos y el ruido generado por los vecinos. **5**

[– SUBTÍTULO IV –]

El Departamento de Salud y Consumo de Aragón y la Fundación Ecología y Desarrollo han editado una guía que informa sobre las molestias que genera el ruido y sus posibles efectos adversos sobre la salud. **6**

La guía ofrece una serie de sugerencias **para evitar ocasionar molestias**, como adquirir electrodomésticos de bajo nivel de ruido e intentar no usar los más ruidosos (lavavajillas, lavadoras, aspiradoras, etc.) en horarios nocturnos; instalar correctamente los equipos de aire acondicionado y otros aparatos generadores de ruido; realizar actividades ruidosas (práctica de instrumentos musicales, bricolaje, etc.) en horarios adecuados y si es posible en habitaciones con aislamiento acústico; utilizar la televisión, radio o equipos de música a volúmenes que no resulten molestos, etc. **7**

En la calle, se recomienda comportarse de manera cívica, evitando producir ruidos innecesarios especialmente en horarios nocturnos. En cuanto a los medios de transporte, es recomendable utilizar el transporte público, practicar una conducción no forzada o agresiva, no hacer sonar el claxon de forma innecesaria y mantener adecuadamente los vehículos. **8**

Por último, en la guía se recuerda que en la mayoría de los casos, existen ordenanzas municipales que regulan los límites al respecto. **9**

(www.mujeresycia.com. Texto adaptado)

Para comprender el texto

Piensa

Responde a la siguiente pregunta.

6. ¿Cuál es la finalidad de este texto? Escribe la opción correcta en la casilla.

   A. Contar la historia de una persona que vive en medio del ruido. ☐

   B. Mostrar opiniones de distintos medios informativos sobre el ruido.

   C. Presentar los problemas que sufren las personas afectadas por el ruido.

   D. Transcribir una entrevista a un especialista en el tema del ruido.

7. Cuando lees un texto, los subtítulos te pueden ayudar a entenderlo. En el texto anterior faltan los subtítulos. Elige el mejor subtítulo para cada sección, como en el ejemplo. **¡CUIDADO!**: hay más subtítulos de los necesarios.

Ejemplo:

SUBTÍTULO I		**A. Afecciones más comunes**
SUBTÍTULO II	☐	**B.** ¿Dónde hay silencio?
SUBTÍTULO III	☐	**C.** Los más afectados
SUBTÍTULO IV	☐	**D.** Expectativas
		E. Los menos sensibles
		F. Soluciones rápidas
		G. ¿Qué produce ruido?
		H. Consejos

El juego de las palabras

8. Busca en el texto las palabras que significan:

*Ejemplo: **perturbación** (párrafo 1)* trastornos

A. empeoramiento *(párrafo 1)*

B. pérdida total o parcial del sentido del oído *(párrafo 1)*

C. definitiva *(párrafo 1)*

D. sensible, débil, delicado *(párrafo 3)*

E. origen *(párrafo 5)*

F. fastidio, incomodidad *(párrafo 6)*

G. negativo *(párrafo 6)*

Para aprender más...

¿Lo sabías?

Porcentaje de tiempo libre frente a la televisión

En primer lugar – México con el 48%

En el decimotercer lugar – España con el 31%

Para usar correctamente la lengua

9. Para poder usar correctamente los verbos en español debes saber si son **regulares** o **irregulares**. Aquí tienes todas las formas verbales en presente que aparecen en el texto. Indica cuáles son regulares y cuáles son irregulares en presente.

Verbos regulares	Verbos irregulares
perjudica	...
...	

A. perjudica

B. afectan

C. pueden

D. preocupa

E. estima

F. puede

G. hay

H. existen

I. realizan

J. son

K. tienen

L. producen

M. informa

N. genera

O. ofrece

P. es

Q. recomienda

R. recuerda

S. regulan

10. En el siguiente texto los verbos aparecen en infinitivo. Conjúgalos en la persona correcta del presente de indicativo, como en el ejemplo.

Todos los expertos **[A]** (coincidir) *coinciden* en señalar que los ruidos **[B]** (tener) .... efectos muy negativos sobre la salud, por eso **[C]** (existir) .... normas jurídicas que **[D]** (regular) .... la contaminación acústica.

En la vida social el contaminado **[E]** (ser) .... la víctima, pero también **[F]** (poder) .... ser el victimario. Como victimario **[G]** (producir) .... los "ruidos sociales" y como víctima **[H]** (tener) .... que soportarlos.

Los adolescentes **[I]** (ser) .... responsables de muchos ruidos de la noche y **[J]** (escuchar) .... la música a muy alto volumen, pero también **[K]** (ser) .... ellos mismos los que **[L]** (perder) .... la audición o no **[M]** (dormir) .... como consecuencia de la alteración que les **[N]** (producir) .... esos mismos ruidos.

Si la sociedad **[O]** (perder) .... los controles, todo **[P]** (volverse) .... peor, por eso las leyes **[Q]** (deber) .... ser claras y controlar el problema.

11. A continuación tienes algunas de las **formas no conjugadas** de los verbos que aparecen entre los párrafos 5 y 9 del texto. Decide a qué categoría corresponde cada uno: infinitivo, participio o gerundio.

> **generado ✳ editado ✳ ocasionar adquirir ✳ instalar comportarse ✳ evitando**

Analiza

Observa las siguientes construcciones:

…el ruido **generado** por los vecinos.

[La guía sugiere] **instalar** correctamente los equipos de aire acondicionado…

Se recomienda comportarse de manera cívica **evitando** producir ruidos innecesarios…

12. ¿Cuál de las palabras anteriores resaltadas en negrita funciona como…?

    A. sustantivo.

    B. adjetivo.

    C. adverbio.

Para aprender más…
¿Lo sabías?

La televisión y la música

Tanto España como México aparecen registrados entre los 20 países principales que compran y escuchan música, y que ven la televisión.

Venta de música

España – Puesto número 10

México – Puesto número 13

13. Completa el texto poniendo los verbos en infinitivo que aparecen entre paréntesis en la forma correcta utilizando infinitivos, participios o gerundios.

Más sobre cuestiones ecológicas…

Ciclomotores ecológicos

Los nuevos ciclomotores **[A]** (presentar) *presentados* en Suiza, con emisiones cero, se convierten en la flota ecológica más grande del continente, **[B]** (permitir) .... la disminución de la contaminación y los costes de combustible.

En estos planes de expansión internacional, España ocupa un lugar privilegiado gracias al apoyo institucional respecto a las políticas medioambientales. Los scooter eléctricos garantizan un ahorro importante en comparación con los modelos similares de gasolina. La nueva tecnología permite **[C]** (optimizar) .... la eficiencia, **[D]** (minimizar) .... la contaminación acústica y atmosférica, **[E]** (mejorar) .... al mismo tiempo el servicio a sus clientes, la productividad y la satisfacción de sus empleados, quienes están **[F]** (comprometer) .... personalmente en el mantenimiento de un medio ambiente sano y limpio.

Los nuevos vehículos están **[G]** (diseñar) .... para **[H]** (satisfacer) .... las necesidades empresariales en el ámbito profesional. Pueden **[I]** (transportar) .... hasta 90 kg. de mercancía en los portapaquetes y son ideales para trayectos urbanos. Los scooters eléctricos están **[J]** (construir) .... con un menor número de elementos, fáciles de **[K]** (sustituir) .... Han **[L]** (mejorar) .... respecto a los vehículos tradicionales.

("Recursos de Mercado" en www.mujeresycia.com Texto abreviado y adaptado.)

14. El participio "mejorado" en la última frase no funciona como un adjetivo. ¿Qué función cumple aquí? ¿Qué características de género y número tiene?

El tipo de texto

15. Vuelve a leer el texto "El ruido perjudica la salud", elige las opciones más adecuadas y escribe la letra correspondiente en cada casilla.

El texto…

A. informa. ☐

B. describe situaciones. ☐

C. narra hechos concretos. ☐

D. hace sugerencias.

E. propone ejemplos.

F. es imparcial y objetivo.

G. es imparcial y subjetivo.

H. es informal.

I. es formal.

16. Además de considerar el propósito y el estilo del texto, también es importante fijarse en cómo está organizado. ¿Cuáles de los siguientes elementos aparecen en el formato del texto?

A. Titular

B. Copete (Introducción)

C. Subtítulos

D. Adjetivos frecuentes

E. Marcas de diálogo

F. Imágenes

17. ¿En qué publicación puede aparecer un texto como éste? Escribe las tres opciones correctas en las casillas correspondientes.

A. En un libro de cuentos. ☐

B. En una revista. ☐

C. En un sitio de Internet de información general. ☐

D. En un diario o periódico.

E. En un libro de textos administrativos.

F. En un libro de Biología.

18. Según lo que has respondido en las preguntas anteriores, explica por qué el texto es un artículo informativo. Puedes empezar así:

El texto es un artículo informativo porque…

Para escribir

Tu respuesta personal

19. Lee el siguiente fragmento y elabora una respuesta personal de 150 a 250 palabras.

> *El ruido y las imágenes en exceso son un mal generalizado en nuestra sociedad actual. Ninguna civilización ni grupo humano se salva por más primitivo que sea. En Sudamérica, hasta las recónditas civilizaciones indígenas están ya invadidas por ruidos de aviones que los asustan y confunden. Tanto el "hombre tecnológico" del más avanzado siglo XXI, como aquel que vive sumergido en la prehistoria en las selvas amazónicas son víctimas de ese castigo que silencia las capacidades interiores y limita el pensamiento y la capacidad de acción independiente. Definitivamente todos le hemos dicho adiós al silencio.*

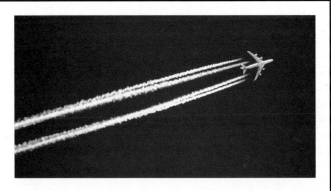

Compara las actitudes y situaciones de sometimiento al ruido que afectan a los seres humanos primitivos de los que habla el fragmento con las situaciones que afectan a tu propio espacio cultural.

Para hablar con tus compañeros

20. Graba distintos ruidos y sonidos (por ejemplo, música, el escape de un auto, una sirena, el sonido del mar, un trueno, un grito, una canción, la voz de un animal, un diálogo, etc.) Escúchalos en clase junto con tus compañeros y discute con el resto de la clase cuáles de estos ruidos o sonidos escuchas con más frecuencia y qué influencia crees que tienen en tu vida.

21. Haz una entrevista a tres o cuatro personas de diferentes edades (amigos, familiares o gente de tu barrio) sobre el tema del ruido. Puedes preguntarles por ejemplo:

- ¿Te molesta el ruido en la vida cotidiana?

- ¿Dónde lo escuchas?

- ¿En qué crees que te afecta?

- ¿Hay más ruido ahora que antes?

Luego comenta lo que te han contado tus compañeros de clase.

Para terminar

22. Imagínate que eres periodista. Elige uno de los **sonidos** en la página anterior y escribe un artículo sobre ese sonido (aproximadamente 200 palabras). Las siguientes preguntas te servirán como base para guiarte en la redacción del artículo.

- ¿De qué vas a hablar?

- ¿Por qué es importante hablar sobre ese sonido? ¿Qué deben saber los lectores?

- ¿Qué información nueva vas a darles? Trata de conseguir más información si la necesitas.

23. Organiza los datos de tus respuestas, decide el título de tu artículo y saca una conclusión general que funcione como cierre. Si puedes, incorpora una imagen adecuada.

24. Revisa especialmente la forma de los verbos que has incluido. Considera en particular los cambios que se han producido en el caso de que se trate de verbos irregulares.

25. Finalmente, firma el artículo como autor.

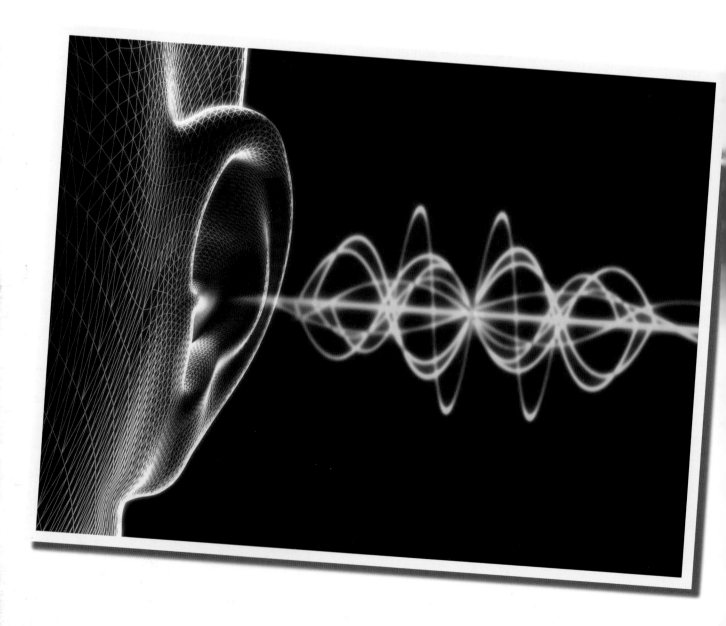

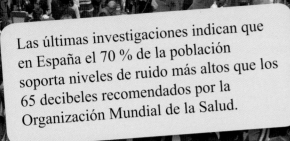

Las últimas investigaciones indican que en España el 70 % de la población soporta niveles de ruido más altos que los 65 decibeles recomendados por la Organización Mundial de la Salud.

El ruido del torno aumenta el miedo de ir al dentista, por eso los científicos han creado un dispositivo que amortigua el sonido del torno dental. ¿Dará resultado?

Hay ruidos maravillosos: el ruido de los besos, el ruido de las carcajadas, el de las voces que cantan, el eco de las voces en las montañas, el sonido de los pasos conocidos, el ruido de las campanas, el ruido del agua, el ruido del silencio en una noche estrellada.

Buenos Aires, la capital argentina, es la ciudad más ruidosa de Latinoamérica con 70 u 80 niveles de decibeles. La actividad nocturna permanente es fascinante, pero aumenta el problema.

El silencio es el ruido de las cosas que no escuchamos.

gorro

cubrir

sombrero

casco

tejer

gorra

cabeza

sol

costumbre

Unidad 2: Los sombreros

Relaciones sociales – Costumbres y tradiciones

Tema troncal	Relaciones sociales
Opción temática	Costumbres y tradiciones
Tipo de texto	El folleto
Contenidos gramaticales	La concordancia: artículos, sustantivos y adjetivos Pronombre y referente

Para empezar

Observa la siguiente definición:

> **sombrero:** (de *sombra*) 1 m.   prenda de vestir o de adorno que sirve para cubrirse la cabeza y que está formada por una copa y un ala.
> (*Diccionario de la Real Academia Española*)

1. ¿Cuál es el origen de la palabra "sombrero"? ¿De qué palabra deriva?

2. Lee las siguientes definiciones y enlaza cada una con la prenda correspondiente.

1. cobertura de metal o plástico resistente que protege la cabeza	☐	**A.** gorro
2. prenda de tela o lana para cubrir y abrigar la cabeza	☐	**B.** gorra
3. prenda para cubrir la cabeza, sin copa ni alas, que suele llevar visera	☐	**C.** casco

3. Mira las fotos a continuación y decide quién usaría cada tipo de sombrero. Si no conoces algunas palabras, consúltalas con el resto de tus compañeros.

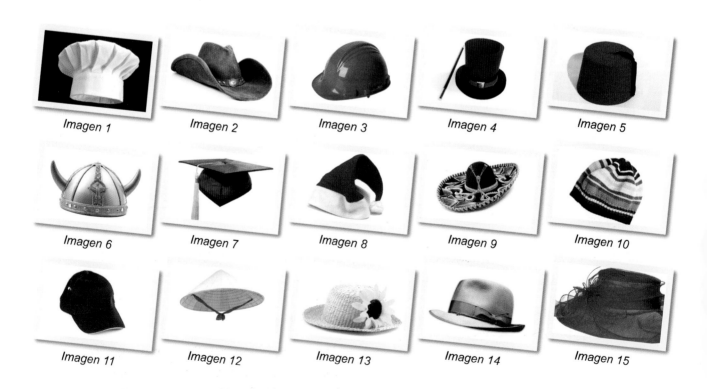

Imagen 1   Imagen 2   Imagen 3   Imagen 4   Imagen 5

Imagen 6   Imagen 7   Imagen 8   Imagen 9   Imagen 10

Imagen 11   Imagen 12   Imagen 13   Imagen 14   Imagen 15

4. ¿Tú usas sombreros o gorros? Antes, en muchos países, todo el mundo llevaba sombreros y ahora ya no. En otros, sigue siendo parte de la cultura. Haz una entrevista a distintos miembros de tu familia (padres, abuelos, tíos) o a vecinos o conocidos sobre este tema. Puedes preguntarles por ejemplo:

    - ¿Qué tipos de sombreros usas ahora o cuando eras joven?
    - ¿Tienes fotografías con sombreros?
    - ¿Hay algún sombrero que usas en ocasiones especiales?
    - ¿Qué tipos de sombreros prefieren los hombres y las mujeres?
    - ¿Dónde se compran?
    - ¿Tienes algún sombrero?
    - ¿Piensas que la moda del uso del sombrero se ha perdido?

5. Comparte en clase el resultado de tus entrevistas.

¿Cómo se hace para que un sombrero panamá parezca siempre nuevo?

 Sí.

Límpielo frotando suavemente con un paño seco, o con toallitas para bebé.

Tómelo por la parte delantera, con suavidad para manipularlo.

 No.

No lo moje. Cuídelo de la lluvia y no lo lave con agua ni con jabón. Si se llegara a mojar, déjelo secar en un lugar fresco y sombreado.

No lo exponga al sol. El calor excesivo puede resecarlo y quebrar la paja. Un ambiente relativamente húmedo lo favorece.

Para leer

6. Lee el siguiente texto.

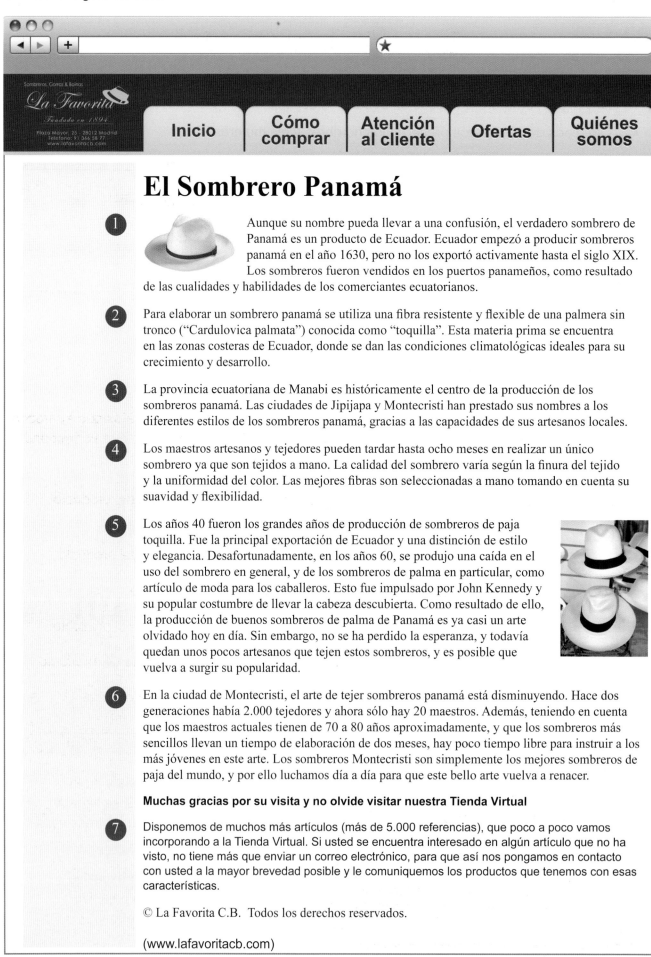

El Sombrero Panamá

1 Aunque su nombre pueda llevar a una confusión, el verdadero sombrero de Panamá es un producto de Ecuador. Ecuador empezó a producir sombreros panamá en el año 1630, pero no los exportó activamente hasta el siglo XIX. Los sombreros fueron vendidos en los puertos panameños, como resultado de las cualidades y habilidades de los comerciantes ecuatorianos.

2 Para elaborar un sombrero panamá se utiliza una fibra resistente y flexible de una palmera sin tronco ("Cardulovica palmata") conocida como "toquilla". Esta materia prima se encuentra en las zonas costeras de Ecuador, donde se dan las condiciones climatológicas ideales para su crecimiento y desarrollo.

3 La provincia ecuatoriana de Manabi es históricamente el centro de la producción de los sombreros panamá. Las ciudades de Jipijapa y Montecristi han prestado sus nombres a los diferentes estilos de los sombreros panamá, gracias a las capacidades de sus artesanos locales.

4 Los maestros artesanos y tejedores pueden tardar hasta ocho meses en realizar un único sombrero ya que son tejidos a mano. La calidad del sombrero varía según la finura del tejido y la uniformidad del color. Las mejores fibras son seleccionadas a mano tomando en cuenta su suavidad y flexibilidad.

5 Los años 40 fueron los grandes años de producción de sombreros de paja toquilla. Fue la principal exportación de Ecuador y una distinción de estilo y elegancia. Desafortunadamente, en los años 60, se produjo una caída en el uso del sombrero en general, y de los sombreros de palma en particular, como artículo de moda para los caballeros. Esto fue impulsado por John Kennedy y su popular costumbre de llevar la cabeza descubierta. Como resultado de ello, la producción de buenos sombreros de palma de Panamá es ya casi un arte olvidado hoy en día. Sin embargo, no se ha perdido la esperanza, y todavía quedan unos pocos artesanos que tejen estos sombreros, y es posible que vuelva a surgir su popularidad.

6 En la ciudad de Montecristi, el arte de tejer sombreros panamá está disminuyendo. Hace dos generaciones había 2.000 tejedores y ahora sólo hay 20 maestros. Además, teniendo en cuenta que los maestros actuales tienen de 70 a 80 años aproximadamente, y que los sombreros más sencillos llevan un tiempo de elaboración de dos meses, hay poco tiempo libre para instruir a los más jóvenes en este arte. Los sombreros Montecristi son simplemente los mejores sombreros de paja del mundo, y por ello luchamos día a día para que este bello arte vuelva a renacer.

Muchas gracias por su visita y no olvide visitar nuestra Tienda Virtual

7 Disponemos de muchos más artículos (más de 5.000 referencias), que poco a poco vamos incorporando a la Tienda Virtual. Si usted se encuentra interesado en algún artículo que no ha visto, no tiene más que enviar un correo electrónico, para que así nos pongamos en contacto con usted a la mayor brevedad posible y le comuniquemos los productos que tenemos con esas características.

(www.lafavoritacb.com)

Para comprender el texto

Piensa

7. Como puedes ver, el texto que acabas de leer aparece en la página web de una tienda de sombreros madrileña. ¿Cuál crees que es la finalidad de esta tienda al presentar el sombrero panamá en su página web? Escribe la opción correcta en la casilla.

A. Publicitar la compra de estos sombreros. ☐

B. Contar la historia de los artesanos que los fabrican.

C. Presentar las diferentes opiniones de los compradores.

D. Explicar el funcionamiento de su página web.

8. El texto está organizado en tres partes:

- encabezamiento de la página web
- texto específico sobre el sombrero panamá
- invitación a la Tienda Virtual y cierre de la página.

A cada parte del texto en la columna de la izquierda le corresponde uno de los datos que aparecen en la columna de la derecha. Enlaza cada una de las partes del texto con el dato que corresponde marcando la casilla adecuada.

1. encabezamiento de la página web ☐

2. texto específico sobre el sombrero panamá ☐

3. invitación a la Tienda Virtual y cierre de la página ☐

A. duración de la garantía del producto

B. información sobre el anunciante / vendedor del producto

C. descripción del producto

D. precio y forma de pago del producto

E. mantenimiento o cuidado del producto

F. ofrecimiento de otros productos

Adivinanza

¿Sabes cuál es el mayor sombrero del mundo y el que más debemos cuidar?

Respuesta: la capa de ozono (porque gracias a ella la naturaleza nos protege de las mortíferas radiaciones ultravioletas provenientes del sol).

El juego de las palabras

9. Busca en los seis párrafos del texto "El sombrero Panamá" las palabras que significan:

Ejemplo: **cierto** *(párrafo 1)* *verdadero*

A. fuerte *(párrafo 2)*

B. favorable *(párrafo 2)*

C. distinto *(párrafo 3)*

D. solo *(párrafo 4)*

E. conocido *(párrafo 5)*

F. contemporáneo *(párrafo 6)*

Para usar correctamente la lengua

10. Los adjetivos sirven para describir o añadir información a los sustantivos. Busca un grupo de palabras formado por "artículo + sustantivo + adjetivo" o "artículo + adjetivo + sustantivo" en cada párrafo del texto. Luego escribe también la forma singular (o plural) de cada expresión.

Ejemplo: (párrafo 1) **"los puertos panameños":** *el puerto panameño*

11. Relaciona cada sustantivo con un adjetivo como en el ejemplo. Luego forma el grupo correspondiente (artículo + sustantivo + adjetivo). ¡No olvides que el adjetivo tiene que tener el mismo género y número que el sustantivo al que acompaña!

Ejemplo: mirada [D] **A.** moderno, -na

1 animales [ ] **B.** inesperado, -da

2 pintura [ ] **C.** trabajador, -dora

3 madres [ ] **D. perdido, -da**

4 noticia [ ] **E.** bancario, -ria

5 cuentas [ ] **F.** salado, -da

6 bocadillos [ ] **G.** doméstico, -ca

12. En el texto aparece la frase:

> *Ecuador empezó a producir* sombreros panamá *en el año 1630, pero no* **los** *exportó activamente hasta el siglo XIX.*

En esta frase, "los" hace referencia a **los sombreros panamá**.

Ahora lee las siguientes frases, y decide a qué hace referencia la palabra **en negrita** en cada una.

A. … para que así nos pongamos en contacto con usted a la mayor brevedad posible y **le** comuniquemos los productos que tenemos con esas características.

B. Las costumbres y tradiciones de un pueblo deben ser respetadas y conservadas para que las generaciones futuras sigan sintiéndo**las** suyas.

C. Si no conoce algún artículo de los que aparecen nombrados en nuestro catálogo, escríbanos y se **lo** describiremos.

D. A los maestros tejedores **les** gusta enseñar a los más jóvenes.

E. La producción de sombreros de palma tiende a disminuir porque las autoridades no **la** apoyan.

13. Observa que en el ejemplo del ejercicio anterior "los" está en masculino plural al igual que "sombreros". Verifica que la situación se repita en las otras oraciones, de acuerdo a su género (masculino / femenino) y número (singular / plural), según corresponda.

Ejemplo: sombreros panamá (masculino plural) / **pronombre "los"** *(masculino plural)*

El tipo de texto

14. Responde a las siguientes preguntas a partir del texto. Apóyate también en la información contenida en la unidad 2 de la sección Tipos de texto.

A. ¿Dónde está publicado este texto?

B. ¿El texto describe el sombrero de forma detallada? Justifica tu respuesta.

C. ¿Cómo es el vocabulario?

D. ¿Cuál es el tiempo verbal predominante?/ ¿Cuales son los tiempos verbales predominantes?

E. ¿El tono del texto es objetivo o subjetivo? Justifica tu respuesta.

F. ¿Cómo es la actitud del autor?

G. ¿Cuál es el registro que utiliza: formal o informal?

Para escribir

15. Tú trabajas en una agencia de publicidad y debes escribir un folleto publicitario sobre el casco para la motocicleta, de no más de 200 palabras.

Atención:

- Antes de comenzar la tarea, infórmate sobre los datos necesarios en Internet o consulta con tus compañeros.

- Recuerda que el folleto es uno de los textos descriptivos (consulta la unidad 2 de la sección Tipos de texto).

- No olvides:
  — poner un título al folleto

  — usar adjetivos para hacer la descripción más interesante, utilizar imágenes (auditivas, táctiles, visuales, etc.)

  — emplear comparaciones

  — incluir un dibujo o fotografía

  — utilizar subtítulos

Para terminar

Diviértete con tus compañeros

16. Organiza con tus compañeros una "Fiesta del sombrero".

Piensa qué te gustaría hacer con tu grupo:

- un desfile de modelos de sombreros antiguos

- la presentación de cada modelo

- una muestra de fotografías de sombreros y de las personas que los usaban

- alguna exhibición

prevenir

infección

curar

campaña

epidemia

información

vacuna

transmitir

precauciones

enfermedad

salud

Unidad 3: Dengue

Cuestiones globales – Salud

Tema troncal	Cuestiones globales
Opción temática	Salud
Tipo de texto	Los anuncios publicitarios
Contenidos gramaticales	El presente de indicativo El imperativo Acentuación: palabras agudas

Para empezar

2. ¿Sabes qué es una epidemia? Busca en el diccionario o en Internet. ¿Alguna de las enfermedades de la lista que elaboraste en el paso anterior es una enfermedad epidémica? Intercambia opiniones con tus compañeros sobre las epidemias que conoces en tu país o en otros.

La salud es un tema que nos preocupa a todos. La medicina ha dado un gran paso adelante al ocuparse de prevenir las enfermedades antes de que se declaren. Si sabemos cómo evitarlas y tomamos las precauciones necesarias, en muchas ocasiones no enfermaremos. Por eso es importante estar informados.

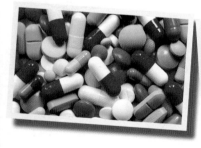

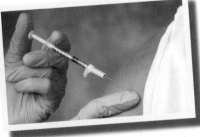

1. Conversa con tus compañeros sobre las enfermedades más comunes en tu país. Determina junto al resto de tu clase cuáles son, si tienen cura o si hay vacunas, y confecciona una lista de ellas.

Para leer

3. Lee el siguiente texto.

EN ESTA CASA NO DEJAMOS QUE ENTRE EL MOSQUITO

0800.222.1002
www.msal.gov.ar/dengue

Ministerio de Salud
Presidencia de la Nación

Para comprender el texto

4. Responde a las siguientes preguntas.

   A. ¿Quién es el responsable o autor de este texto?

   B. Observa las imágenes. ¿A quién está dirigido el texto?

   C. ¿Qué aparece en la pieza que queda fuera del puzzle? ¿Qué crees que significa?

5. ¿Cuál es la finalidad de este texto?

   A. Dar información sobre el mosquito. ☐

   B. Comunicar una acción del
   Ministerio de Salud. ☐

   C. Nombrar a los destinatarios
   del texto. ☐

   D. Publicitar un repelente de insectos. ☐

6. Ahora lee el siguiente texto y responde a las
   preguntas a continuación.

   A. ¿Qué es el dengue?

   B. ¿Quién lo transmite?

   C. ¿De qué modo se transmite?

   D. ¿Dónde se cría este mosquito?

NO DEJEMOS ENTRAR AL MOSQUITO

El dengue es una enfermedad que se transmite a través de la picadura del mosquito *Aedes Aegypti* que se cría en objetos que acumulan agua en nuestras casas y sus alrededores.

- **Limpia y desmaleza patios y jardines.**
- **Tira latas, botellas y neumáticos.**
- **Tapa tanques y depósitos de agua.**
- **Coloca boca abajo baldes y palanganas.**
- **Cambia el agua de floreros y de bebederos de animales.**
- **Elimina el agua de platos y portamacetas.**

JUNTOS CONTRA EL DENGUE

**PARA MAYOR INFORMACIÓN PUEDE
LLAMARNOS TODOS LOS DÍAS DE 9 A 16 HS**

0-800-222-1002

Ministerio de
Salud
Presidencia de la Nación

(http://www.msal.gov.ar/dengue.)

El tipo de texto

El anuncio publicitario

7. ¿Qué se está dando a conocer en este anuncio?

A. un producto ☐

B. un servicio ☐

8. ¿De qué tipo de publicidad se trata?

A. comercial ☐

B. política ☐

C. preventiva ☐

9. ¿A quién va dirigida?

A. Al personal médico. ☐

B. A los enfermos. ☐

C. A la comunidad. ☐

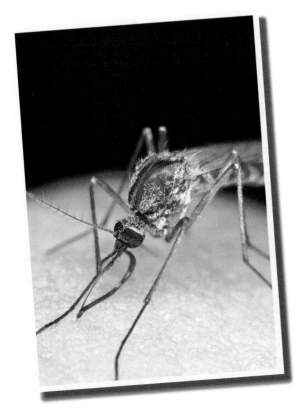

Observa

10. El texto incluye una definición: **"El dengue es…"** sugiere que inmediatamente vendrá una explicación de lo que se trata.

Mira el texto y contesta las preguntas basándote en la información contenida en unidad 3 de la sección Tipos de texto.

A. ¿Qué recursos lingüísticos se utilizan en esta definición?

B. ¿Por su carácter es un texto objetivo o subjetivo? Justifica tu respuesta.

11. Indica las respuestas correctas:

El Ministerio de Salud quiere que la sociedad conozca qué es el dengue y para ello recurre a:

A. una definición de tono objetivo de qué es el dengue. ☐

B. una entrevista con un enfermo explicando cómo le afecta el dengue. ☐

C. un conjunto de instrucciones o consejos de tono objetivo con las medidas que hay que adoptar para prevenir la enfermedad. ☐

D. una invitación de tono subjetivo para actuar conjuntamente en la lucha contra el dengue. ☐

E. una invitación de tono subjetivo a participar en una campaña de vacunación. ☐

F. una invitación para ampliar la información, comunicándose al teléfono del Ministerio. ☐

Para usar correctamente la lengua

En todo texto pueden aparecer tiempos y modos verbales diferentes. Presta atención a los verbos que se emplean en este anuncio sobre el dengue.

12. Encuentra en el texto los verbos que están en presente de indicativo y escríbelos en tu cuaderno.

13. Ahora haz lo mismo con los verbos en imperativo.

14. ¿Para qué se usa el modo imperativo en este texto? ¿Se te ocurren otros contextos en los que se usa?

15. Las siguientes palabras son agudas. Unas necesitan llevar tilde, y otras no. Clasifícalas según corresponda, acentuándolas correctamente cuando sea necesario.

> partir ✳ nivel ✳ pais ✳ enfermedad
> definicion ✳ traves ✳ vendra ✳ salud
> artificial ✳ segun ✳ picar
> comprendio ✳ descripcion ✳ doctor
> dolor ✳ respondio ✳ camion
> hospital ✳ Panama

Ejemplo:

Con Tilde	Sin Tilde
definición	*salud*
...	...

Para escribir

16. Imagínate que en tu ciudad hubo muchos casos de personas mayores y niños afectados por las altas temperaturas durante el verano pasado. Tú has comenzado a colaborar solidariamente con la Secretaría de Salud de la ciudad. Elabora el anuncio publicitario de la campaña de prevención que lanzarán próximamente sobre este tema. Para ello:

- busca información en Internet

- consulta la unidad 3 de la sección Tipos de texto

- utiliza definiciones y conjuntos de instrucciones

- emplea el presente de indicativo y el imperativo en alguna parte del anuncio aunque también puedes emplear otros tiempos verbales que conozcas

- presta atención a la acentuación de las palabras.

Para terminar

17. Vas a realizar una presentación sobre la salud. Tendrás que trabajar con un compañero para buscar información sobre una de las enfermedades más comunes en tu país, y luego realizar un póster sobre esa enfermedad, con información sobre cómo curarla, o consejos para protegerte de ella, para finalmente presentar el trabajo ante el resto de la clase.

ALERTA DENGUE

SI TENES FIEBRE

y algunos de estos síntomas:

DOLOR DE CABEZA (especialmente detrás de los ojos) — NÁUSEAS Y VÓMITOS — CANSANCIO INTENSO — DOLORES MUSCULARES Y DE ARTICULACIONES — SANGRADO DE NARIZ Y ENCÍAS — ERUPCIONES o MANCHAS EN LA PIEL

CONSULTA DE INMEDIATO AL CENTRO DE SALUD MÁS CERCANO

No tomes aspirina o ibuprofeno

JUNTOS CONTRA EL DENGUE

Para más información
0-800-222-1002
www.msal.gov.ar/dengue

Ministerio de **Salud**
Presidencia de la Nación

este invierno cuidate de la **gripe** y otras enfermedades respiratorias

para protegerte

Lavate las manos con agua y jabón

Al toser o estornudar cubrite la boca o hacelo sobre el pliegue del codo

Ventilá los ambientes y no fumes

y si tenés
Fiebre alta (más de 38°c)

Dolor de cabeza o muscular

Tos y congestión Nasal

Decaimiento

Consultá rápido al médico **y no te automediques**

0-800-222-1002
www.msal.gov.ar

200 AÑOS
BICENTENARIO
ARGENTINO

Ministerio de **Salud**
Presidencia de la Nación

ENTRE TODOS CONTRA EL DENGUE

El dengue es una enfermedad viral transmitida por el mosquito: EL AEDES AEGYPTI.

ELIMINE CUALQUIER RECIPIENTE QUE PUEDA RETENER AGUA.

CONSULTE AL HOSPITAL O CENTRO DE SALUD MÁS CERCANO ANTE LA APARICIÓN DE FIEBRE acompañada de dolor de cabeza, dolor de articulaciones y músculos, náuseas y vómitos, cansancio intenso o manchas en la piel

Ministerio de **SALUD**.
GOBIERNO DE ENTRE RÍOS

ALERTA DENGUE VIAJEROS

Si se encuentra de viaje y presenta

FIEBRE ALTA (38°C o más)

y algunos de los siguientes síntomas:

DOLOR DE CABEZA (especialmente detrás de los ojos) — NÁUSEAS Y VÓMITOS — CANSANCIO INTENSO

DOLORES MUSCULARES Y DE ARTICULACIONES — SANGRADO DE NARIZ Y ENCÍAS — ERUPCIONES o MANCHAS EN LA PIEL

CONSULTE AL SERVICIO MÉDICO LOCAL
NO TOME ASPIRINA O IBUPROFENO

⚠ Si durante las 2 semanas posteriores al viaje presenta síntomas de dengue, **concurra al médico inmediatamente.**

JUNTOS CONTRA EL DENGUE

Ministerio de **Salud**
Presidencia de la Nación

Más información al tel.: **0-800-222-1002** o en la web: **www.msal.gov.ar/dengue**

descubrir
personaje
alto
Cortázar
barba
pared
imagen
ropa
gafas
cabello
viaje
persona
famoso
escena
ojos
retrato
fotografía

Unidad 4: El último viaje de Cortázar

Relaciones sociales – Ocio

Tema troncal	Relaciones sociales
Opción temática	Ocio
Tipos de texto	La descripción y el retrato
Contenidos gramaticales	El adjetivo: su función descriptiva Grados de significación del adjetivo

Para empezar

¿Quiénes son?

Junto con tus compañeros vas a tratar de identificar quiénes son algunos personajes famosos preguntando por características que sean útiles para identificarlos.

1. Cada grupo tiene una foto de un personaje famoso. ¿Puedes adivinar cuáles son los personajes de los otros grupos? Para ello, haz preguntas como las siguientes.

    *   ¿Cómo es físicamente el personaje? ¿Es hombre o mujer? ¿Es joven? ¿De qué color es su cabello? ¿Y sus ojos? ¿Es alto?, etc.

    *   ¿De dónde es?

    *   ¿Qué hace?

    *   ¿Cuál es su canción, libro, actividad, etc. más conocido?

2. Luego discute con tus compañeros sobre cualquier otra información o aspecto interesante acerca de estos personajes.

"En literatura no hay temas buenos ni temas malos, hay tan sólo temas bien o mal tratados."

Julio Cortázar

3. Observa detenidamente las siguientes fotografías y lee las notas que las acompañan.

Imágenes y memorias del último viaje de Julio Cortázar

por Luis Alemany

La silueta larguísima, la cara escondida detrás de una espesa barba negra y de unas enormes gafas, la ropa y el calzado modestísimos.

– Usted es el señor Cortázar, ¿no es cierto? Lo vimos en el periódico.

Quienes se dirigieron a Julio Cortázar aquella tarde de agosto de 1983 fueron **dos guardias civiles** destinados en la provincia de Segovia, entre entusiasmados y cohibidos por saludar al escritor argentino en medio de un sendero rural.

Extraña escena. El editor Mario Muchnik asistió a ella y la inmortalizó con un par de fotografías. En la primera, la pareja y Cortázar posan **como si el escritor fuese un detenido**; en la segunda, un paisano y su burro se suman a la composición.

(www.elmundo.es, Cultura y ocio.)

Para comprender el texto

4. Describe a Cortázar con todas las características que puedas ofrecer: físicas y de personalidad (las que leas en las notas, las que observas, y las que imaginas a partir de las fotos).

5. Describe el ambiente que rodea al escritor en cada una de las fotografías: ¿Qué se ve en la primera? ¿Qué se ve en la segunda? ¿Y en la tercera? Establece semejanzas y diferencias.

6. ¿Has tenido la experiencia de encontrarte con algún personaje muy conocido? Cuéntanos cómo fue: quién era, cuándo ocurrió, qué sentiste.

7. Los personajes que aparecen en las fotos del texto (página 39) pertenecen a diferentes grupos sociales. ¿Ves marcas de ello en su aspecto o en su ropa? Indica qué detalles te llaman la atención desde esta perspectiva.

8. ¿Qué características podrían tener los grupos sociales a los que pertenecen estos personajes? ¿Qué tipo de trato se da entre esos grupos: cordial o distante? ¿Por qué te parece que es así?

Para hablar con tus compañeros

9. Vas a trabajar con dos de tus compañeros, y usar tu imaginación para representar esta escena.

Alumno A: eres uno de los guardias civiles. ¿Qué le preguntarías a Cortázar?

Alumno B: eres Cortázar. Respóndele a tu compañero.

Alumno C: eres el campesino que llega con el burro. ¿Qué dirías?

Cada uno tiene que tomar un papel e inventar el resto del diálogo.

El tipo de texto

La descripción: el retrato

10. Observa las siguientes construcciones:

- la silueta **larguísima**
- la cara **escondida**
- una **espesa** barba **negra**
- unas **enormes** gafas
- la ropa y el calzado **modestísimos**
- dos guardias civiles entre **entusiasmados** y **cohibidos**
- escritor **argentino**
- **extraña** escena.

¿Qué función cumplen las palabras destacadas? Elige la opción correcta.

A. Indican el tiempo de la acción. ☐

B. Presentan características del objeto o de la persona.

C. Nombran objetos o personas.

D. Indican circunstancias de la acción.

Las palabras que acompañan al sustantivo para expresar particularidades de la persona o cosa nombrada se llaman **adjetivos**. Los adjetivos se utilizan mucho en los **textos descriptivos**.

Para usar correctamente la lengua

11. ¿Qué tipo de característica señalan los siguientes adjetivos? Relaciona cada uno con la característica que corresponde. ¡**CUIDADO**!: la misma respuesta puede aparecer más de una vez y hay algunas opciones que no corresponden a ningún adjetivo.

1.	larguísima	*A*	**A.** cualidad
2.	escondida	☐	**B.** cantidad
3.	espesa	☐	**C.** nacionalidad
4.	negra	☐	**D.** distancia
5.	enormes	☐	**E.** pertenencia
6.	modestísimos	☐	
7.	dos	☐	
8.	entusiasmados	☐	
9.	cohibidos	☐	
10.	argentino	☐	
11.	extraña	☐	

12. ¿Cuáles de las siguientes características se incluyen en el texto? Indica la opción correcta (verdadero o falso) y, en el caso de las opciones verdaderas, escribe las palabras del texto que justifican tu respuesta.

"Siempre fuiste mi espejo, quiero decir que para verme tenía que mirarte."

Julio Cortázar

El texto...

Ejemplo: **V**   **F**

Muestra las características físicas de Cortázar   ☑ ☐

Justificación: *La silueta larguísima, la cara escondida detrás de una espesa barba negra y de unas enormes gafas, la ropa y el calzado modestísimos*

A. incluye aspectos de la personalidad de Cortázar.   ☐ ☐

Justificación: ....
....

B. indica la actitud de los guardias civiles en el momento de encontrarse con Cortázar.   ☐ ☐

Justificación: ....
....

C. describe físicamente a los guardias civiles.   ☐ ☐

Justificación: ....
....

D. especifica la nacionalidad del escritor.   ☐ ☐

Justificación: ....
....

E. da indicaciones generales referidas al paisaje.   ☐ ☐

Justificación: ....
....

F. caracteriza la escena.   ☐ ☐

Justificación: ....
....

G. presenta el estado de ánimo del campesino.   ☐ ☐

Justificación: ....
....

JULIO CORTÁZAR
Rayuela

13. Ahora vas a hacer tú algunas comparaciones. Para ello, identifica o imagina características de los personajes.

Ejemplo: Cortázar es / alto / los guardias civiles.

Cortázar es más alto que los guardias civiles.

A. El campesino está / interesado en hablar con Cortázar / los guardias civiles.

B. Los dos guardias civiles están igualmente entusiasmados, pero según lo que se ve en las fotos, el que no usa bigotes parece / conversador / el otro. Tal vez este último está / cohibido.

C. Cortázar es el / sorprendido / todos cuando ve que tienen tanto interés en hablar con él.

D. Todos piensan que Cortázar es / amable. Los sorprende esta situación porque saben que es el / famoso / grupo.

Para escribir

14. Teniendo en cuenta los aspectos indicados previamente, describe el paisaje de la manera más completa posible, incluyendo todos los detalles que observas. Incluye comparaciones de tamaño y distancia entre los objetos y elementos que aparecen en la escena. Propón un título. Emplea el diccionario como herramienta de apoyo.

15. Elige uno de los cuatro personajes de la escena y construye su retrato. Para ello deberás incluir tanto sus características físicas como las de personalidad, que te tendrás que imaginar. Puedes adoptar una actitud subjetiva. Incluye comparaciones con los otros personajes de la escena. Propón un título y cierra el retrato con reflexiones sobre el personaje. También aquí puedes emplear el diccionario.

16. Imagina que eres el fotógrafo que inmortalizó la escena entre Julio Cortázar y sus acompañantes. Redacta un texto informativo en el que incluyas las notas visuales que te parecieron más interesantes para tomar las fotografías.

Ordénalas teniendo en cuenta algunos criterios de organización, por ejemplo:

- notas referidas al paisaje
- notas referidas a características físicas de los personajes
- notas referidas a las relaciones entre los personajes.

También puedes tener en cuenta el orden en que recogiste las imágenes, por ejemplo:

- imágenes tomadas durante los primeros momentos de la entrevista
- imágenes recogidas en el desarrollo de la entrevista
- imágenes recogidas en el momento de la despedida.

"Los libros van siendo el único lugar de la casa donde todavía se puede estar tranquilo."

Julio Cortázar

Para terminar

Fiesta de disfraces

17. Busca en revistas, diarios, fotos familiares, Internet, etc. fotos de cualquier personaje que te resulte interesante.

    Trae esa foto al aula y caracteriza al personaje que elegiste. Vístete como él lo haría, habla como él hablaría. Haz una presentación completa de ese personaje en primera persona y luego responde a las preguntas que tus compañeros hagan sobre ese personaje.

aborto

accidente

enfermedad

exposición

folklore

Frida

cultura

salud

matrimonio

autorretrato

México

tradición

colores

pintora

indígena

Unidad 5: Frida Kahlo

Comunicación y medios – Costumbres y tradiciones

Tema troncal	Comunicación y medios
Opción temática	Costumbres y tradiciones
Tipo de texto	La crítica cinematográfica
Contenidos gramaticales	El pretérito perfecto simple (verbos regulares) Algunos usos de "ser" y "estar" Preposiciones

Para empezar

1. En esta unidad vamos a conocer a la famosa pintora mexicana Frida Kahlo. Pero antes, ¿qué sabes tú sobre México? Conversa con tus compañeros sobre lo que sepas acerca de la cultura mexicana y sus tradiciones.

2. Esta imagen representa objetos típicos de la cultura mexicana. Relaciona cada elemento de la lista que aparece más abajo con lo que representa en la cultura tradicional de México. Comenta con tus compañeros el motivo de esa relación.

3. Como ya has visto, en la bandera mexicana hay un cactus. Pero ¿sabes lo que significa la bandera mexicana? Busca en Internet o en cualquier otro medio el significado de los colores y el escudo de la bandera. Será importante para entender algunas de las pinturas de Frida Kahlo. Luego piensa en la historia y el significado (colores, escudo, emblema) de la bandera de tu país, y coméntalo con tus compañeros.

Objetos

1. *Ejemplo: guitarra* [D]
2. cactus [ ]
3. sombrero [ ]
4. calavera [ ]
5. chiles [ ]
6. burro [ ]
7. colores vivos [ ]
8. maracas [ ]
9. decoraciones de papel picado [ ]

Cultura y tradición mexicanas

A. ingrediente básico de la gastronomía mexicana
B. elemento del paisaje típico, también parte de la bandera de México
C. piñata (en las fiestas y celebraciones)
D. *música (instrumento de origen español)*
E. alegría y vitalidad
F. complemento tradicional de vestir masculino, que también llevan los mariachis
G. celebración del Día de los muertos
H. música (instrumento de origen latino americano)
I. artesanía tradicional

Prohibido fotocopiar

4. Lee el siguiente texto.

Frida Kahlo: la pintura de su vida

Frida Kahlo, la pintora mexicana más famosa, pintó el diario de su vida usando su único y personal estilo "folklórico".

LOS COMIENZOS

1. Magdalena Carmen Frida Kahlo Calderón nació el 6 de julio de 1907 en Coyoacán, México. Era una de las cuatro hijas de Guillermo Kahlo, un judío de origen húngaro-alemán, y de Matilde Calderón González, de ascendencia indígena-mexicana.

2. A la edad de seis años, Frida enfermó con poliomielitis, lo que afectó el uso de su pierna derecha, la cual se desarrolló muy delgada y su pie se estancó en el crecimiento. Frida intentó esconder su deformidad llevando pantalones, faldas largas o dos pares de calcetines en su pie derecho. Sus compañeros de colegio la apodaron cruelmente "Frida pata de palo".

3. Originalmente no planeaba convertirse en artista, sino en médico debido a sus problemas de salud, aunque empezó a pintar en sus días de juventud, fundamentalmente autorretratos y retratos de su propia familia y amigos.

4. A los 18 años, Frida sufrió un accidente que cambiaría el resto de su vida e influiría significativamente en su trabajo. El autobús donde se subió con su novio fue embestido por un tranvía lateralmente y varias personas murieron. Pasó alrededor de un año en la cama, recuperándose de roturas en la columna vertebral, hombros y costillas, una pelvis astillada y daños en el pie. Sufrió más de 30 operaciones a lo largo de su vida.

5. Durante sus meses de convalecencia del accidente de autobús, empezó a tomar interés en la pintura. El primero de los muchos autorretratos que pintaría en serio fue *Autorretrato con traje de terciopelo*. Sus pinturas, principalmente autorretratos y naturalezas muertas, eran deliberadamente ingenuas y llenas de colores y formas inspiradas en el arte folklórico mexicano.

6. En gran parte de sus autorretratos Frida emplea el estilo folklórico llamado "Mexicanismo" (según el cual el arte mexicano debía volver a sus raíces indígenas y reflejar los elementos y formas de los pintores mexicanos del siglo XIX): colores vivos y variados, fundamentalmente rojo, blanco y verde... los colores de la bandera mexicana. Frida vestiría a menudo el estilo de los vestidos típicos de las mujeres nativas de la región Tehuana en México. En muchas de las pinturas de Frida, ella llevaba este tipo de indumentaria. Estos largos vestidos, ricamente decorados, no eran sólo muy hermosos sino que también le permitían ocultar la deformidad física de su pierna derecha. Cuando viajaba al extranjero, Frida atraía muchísimo la atención e incluso inspiró una línea de vestidos en París.

(www.fridakahlofans.com.Texto adaptado)

Para comprender el texto

Algunos títulos de las pinturas de Frida Kahlo:

Autorretrato con trenza, Diego y yo, El camión, El sueño (La cama), Las dos Fridas, Naturaleza viva, Naturaleza muerta, El venado herido, La columna rota, Atorretrato con Stalin, Retrato de Cristina (mi hermana), Recuerdo de la herida abierta, Sin esperanza.

5. Responde a las siguientes preguntas (*párrafos 1 a 4*).

A. ¿Cuál era la procedencia de la madre de Frida?

B. ¿Por qué usaba siempre Frida vestidos largos o pantalones?

C. ¿Por qué motivo se planteó en principio estudiar Medicina?

D. ¿A qué edad tuvo el grave accidente que le marcaría para toda la vida?

El juego de las palabras

Para aprender más...

¿Lo sabías?

La película "Frida" (2002), interpretada por Salma Hayek, recaudó más de $120,000,000 en taquilla.

6. Busca en el texto (*párrafos 5 y 6*) las palabras o expresiones que significan:

Ejemplo: pintura de una persona hecha por ella misma: autorretrato

A. inocente

B. arte típico tradicional del país de origen de Frida

C. tonos vistosos

D. colores de la bandera (usados por Frida)

E. vestidos

7. Ahora lee el resto del texto que aparece a continuación.

EL DIARIO DE SU VIDA PINTADO

1 En 1928, casi totalmente recuperada del accidente, se unió a un grupo de jóvenes artistas políticamente cercanos al comunismo. A través de ellos conoció al que sería el hombre más importante de su vida, el muralista Diego Rivera. El 21 de agosto de 1929 Kahlo se convirtió en la tercera esposa de Rivera. Diego tenía 42 años y Frida 22. En diciembre los Rivera se mudaron a Cuernavaca donde Frida pintó su segundo autorretrato *El tiempo vuela* en el cual estableció el estilo folklórico que se convirtió en su firma como artista.

2 A principios de 1930 Frida sufrió un aborto provocado porque el feto estaba en una posición incorrecta debido a que el accidente le había fracturado la pelvis. En noviembre de ese mismo año, Frida y Diego se trasladaron a San Francisco donde Frida pintó *Frida y Diego Rivera*, la primera muestra pública de su trabajo, un doble retrato basado en una fotografía de boda.

3 En 1932 el segundo embarazo de Frida acabó en un aborto espontáneo en el hospital y perdió el bebé que tanto deseaba. Fue una experiencia muy traumática para ella. En 1934 Frida sufrió el tercer aborto. Su obsesión por la incapacidad de llevar a buen término un embarazo produjo algunos cuadros como *Retrato de familia* donde el feto es el niño que nunca tuvo. Por otra parte, debió someterse a una cirugía en su pie derecho para amputar las puntas de sus dedos puesto que tenían gangrena.

4 De vuelta en México, estos fueron años difíciles para Frida. Además de sus problemas de salud estaba teniendo un montón de dificultades en su matrimonio con Diego. En 1935 Frida descubrió que Diego, el cual había tenido otros asuntos amorosos con otras mujeres durante su matrimonio, estaba manteniendo una relación sentimental con la hermana más joven de Frida, Cristina. Frida estaba tan terriblemente dolida por la relación que abandonó la casa común. Rivera no cejó en sus infidelidades y Frida empezó a tener sus propias aventuras amorosas, no sólo con hombres, sino también con mujeres. En 1936 Frida sufrió otra operación en el pie derecho.

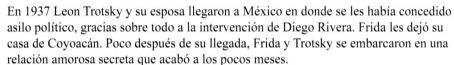

La casa azul de Frida y Diego

5 En 1937 Leon Trotsky y su esposa llegaron a México en donde se les había concedido asilo político, gracias sobre todo a la intervención de Diego Rivera. Frida les dejó su casa de Coyoacán. Poco después de su llegada, Frida y Trotsky se embarcaron en una relación amorosa secreta que acabó a los pocos meses.

6 En 1938 Frida viajó a Nueva York para preparar su primera exposición en solitario. Se quedó sorprendida al saber que a la gente le gustaban sus cuadros y estaban dispuestos a comprarlos. Frida estaba muy animada con su nueva fama porque le daría independencia económica de Rivera y más libertad.

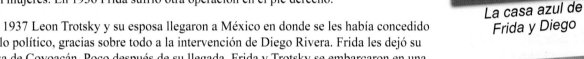

7 En 1939 Frida viajó sola a París donde tuvo un limitado éxito. No le impresionó ni París ni sus habitantes. Ese mismo año Diego y Frida se divorciaron. La separación afectó emocionalmente mucho a Frida e intentó desesperadamente ahogar sus penas bebiendo y sumergiéndose en su trabajo. *Las dos Fridas* es un clásico ejemplo de cómo expresaba sus emociones hacia Diego sobre un lienzo.

8 Los problemas de salud de Frida reaparecieron, lo que no contribuyó a mejorar su estado emocional. Se fue a San Francisco a visitar a su amigo y doctor de confianza. Rivera se encontraba también en esa ciudad pintando un mural. El doctor hizo de intermediario entre ambos y finalmente se volvieron a casar en 1940.

9 En 1943 de nuevo sufría agudos dolores en su espalda y pie derecho y le ordenaron descansar. Tenía que llevar un corsé de acero, que se convirtió en el tema de su cuadro de 1944 *La Columna Rota*.

10 En 1948 Rivera empezó una relación amorosa con la actriz María Félix que causó un escándalo público. Finalmente, tras la intervención de la hermana de Frida, la relación acabó. Frida una vez dijo: "Sufrí dos graves accidentes en mi vida… Uno en el cual un tranvía me arrolló y el segundo fue Diego".

11 En 1950 Kahlo fue hospitalizada durante nueve meses debido a problemas recurrentes de la columna vertebral durante ese período. Después de ser dada de alta en el hospital, Frida tuvo que usar una silla de ruedas la mayor parte del tiempo.

12 Gravemente enferma con una neumonía, Frida Kahlo falleció el 13 de julio de 1954. La causa del fallecimiento fue embolia pulmonar, aunque los pensamientos suicidas expresados en su diario hicieron pensar a algunas personas que quizás se suicidó.

(www.fridakahlofans.com.Texto adaptado)

Para usar correctamente la lengua

8. Basándote en los tres primeros párrafos de la segunda parte del texto *(El diario de su vida pintado)* escribe cada verbo en la tercera persona de singular del pretérito indefinido.

Ejemplo:

unirse (tercera persona singular) → *se unió*

A. conocer

B. convertirse

C. mudarse

D. pintar

E. sufrir

F. trasladarse

9. Selecciona en el recuadro los verbos ("ser" o "estar") que correspondan a cada oración.

> **fueron** ✶ **sería** ✶ **es** ✶ **era** ✶ **fue**
> **estaban** ✶ **eran** ✶ **estaba**

A. Frida Kahlo ……... de ascendencia indígena-mexicana.

B. Sus pinturas ……... ingenuas.

C. Conoció al que ……... el hombre más importante de su vida: Diego Rivera.

D. En el cuadro *Retrato de familia* el feto ……... el niño que nunca tuvo.

E. Esos años en México ……... difíciles para Frida.

F. Frida ……... terriblemente dolida por la relación de Diego con su hermana.

G. Las personas ……... dispuestas a comprar sus cuadros.

Frida y Diego Rivera

10. Escribe en el siguiente fragmento las **preposiciones** que faltan.

En 1950 Kahlo fue hospitalizada durante nueve meses debido a problemas recurrentes de la columna vertebral durante ese período. Después **[A]** ……….. ser dada de alta en el hospital, Frida tuvo que usar una silla de ruedas la mayor parte del tiempo. **[B]** ……….. 1953 se organizó la primera exposición en solitario **[C]** ……….. trabajo de Frida en México. La tarde de la inauguración los doctores insistieron en que se quedara **[D]** ……….. cama. No obstante, Frida estaba empeñada en no perderse el acontecimiento y, con la testarudez que la caracterizaba, acudió. Acordó que llevaran la cama en la estaba convaleciente **[E]** ……….. la exposición y **[F]** ……….. el dolor calmado **[G]** ……….. analgésicos llegó más tarde **[H]** ……….. una ambulancia. Unos meses más tarde tuvieron que amputarle la pierna **[I]** ……….. debajo de la rodilla porque estaba infectada de gangrena. Le reconstruyeron una pierna artificial que le permitía caminar, pero la operación la sumió **[J]** ……….. un estado de depresión profunda.

Para escribir

Tu respuesta personal

11. Lee la siguiente cita de Frida, supuestamente sacada de su diario, y elabora una respuesta personal de 150 a 250 palabras. En ella deberías comparar la actitud de Frida con la que te imaginas que tomaría una mujer de tu propia cultura en situaciones similares.

> *"Sufrí dos graves accidentes en mi vida… Uno en el cual un tranvía me arrolló y el segundo fue Diego".*

Para hablar

Individualmente

EL DÍA DE LOS MUERTOS

12. Mira estas fotos del Día de los muertos en México. Investiga esta celebración y prepara una exposición oral. Puedes comparar el tono festivo de esta celebración en México con los rituales en el Día de los difuntos en tu país o de otro que conozcas.

Para terminar

Dramatiza con tus compañeros

13. Vuelve a leer el episodio de la tarde de la inauguración de su Exposición en solitario (1953) en el que Frida estaba en cama e hizo todo lo posible para acudir a dicha exposición (se encuentra en la pregunta 21 de esta página).

Con tus compañeros, dramatiza esa escena. Habría que destacar, ante todo, la fuerza de Frida ante la adversidad.

solidaridad

mito

Cuba

guerrillero

revolución

Che

sociedad

pueblo

marxismo/marxista

viaje

diario

luchar

Bolivia

Argentina

voluntario

desigualdad

Unidad 6: Che Guevara

Relaciones sociales – Diversidad cultural

Tema troncal	Relaciones sociales
Opción temática	Diversidad cultural
Tipo de texto	La biografía
Contenidos gramaticales	Pretérito perfecto simple o pretérito indefinido (verbos irregulares) Acentuación: palabras llanas o graves

Para empezar

1. ¿Has visto la película *Diarios de motocicleta (2004)*, dirigida por Walter Salles, sobre la biografía de Ernesto Guevara? Está basada en los diarios del viaje que el Che y su amigo Alberto Granado realizaron por América del Sur en 1952. Si no has visto la película ni has leído los diarios, busca información sobre el tema en Internet.

2. Junto a tus compañeros, responde a las siguientes preguntas.

   A. La familia de Ernesto Guevara, ¿a qué clase social pertenecía?

   B. Cuando el Che y su amigo pensaron en hacer un viaje a América Latina, ¿cuál era su finalidad antes de partir?

   C. Desde el punto de vista social, ¿con qué situación se empezó a encontrar el Che durante su viaje?

   D. ¿Dónde trabajó como voluntario en Perú el Che? ¿Cuál fue su actitud ante el panorama social que observó?

3. La película muestra al Che viajando por varios países de América del Sur. Mira el siguiente mapa de América Latina. ¿Sabrías situar en él todos los países cuya lengua oficial es el español?

4. Entre otros países Ernesto Guevara sale de Argentina, su lugar de nacimiento, y va a Chile, Perú, Colombia y Venezuela.

   • ¿Qué sabes de estos países?

   • ¿Conoces su cultura?

   • ¿Tienen algo en común o son completamente diferentes?

   • ¿Crees que en estos países hay actualmente desigualdades e injusticias sociales? ¿Son las mismas contra las que el Che luchó?

   • ¿Cómo es la situación en relación a este tema en tu país de origen o en el que vives? ¿Se podría decir que en general hay desigualdad social o, por el contrario, hay uniformidad?

Para leer

5. Lee el siguiente texto.

Che Guevara
[Ernesto Guevara]

1 Revolucionario latinoamericano (Rosario, Argentina, 1928 – Higueras, Bolivia, 1967). Ernesto Guevara de la Serna, apodado el *Che*, nació en una familia acomodada de Argentina, en donde estudió Medicina. Su militancia izquierdista lo llevó a participar en la oposición contra Perón. Desde 1953 viajó por Perú, Ecuador, Venezuela y Guatemala, descubriendo la miseria y la opresión dominante en algunas partes de América Latina. A partir de estos viajes participó en múltiples movimientos contestatarios, experiencias que lo inclinaron definitivamente a la ideología marxista.

2 En 1955 Ernesto *Che* Guevara conoció en México a Fidel Castro y a su hermano Raúl, que preparaban una expedición revolucionaria a Cuba. Guevara trabó amistad con los Castro, se unió al grupo como médico y desembarcó con ellos en Cuba en 1956. Instalada la guerrilla en Sierra Maestra, Guevara se convirtió en lugarteniente de Castro y mandó una de las dos columnas que salieron de las montañas orientales hacia el oeste para conquistar la isla. Participó en la decisiva batalla por la toma de Santa Clara (1958) y finalmente entró en La Habana en 1959, poniendo fin a la dictadura de Batista.

3 El nuevo régimen revolucionario concedió a Guevara la nacionalidad cubana y le nombró jefe de la Milicia y director del Instituto de Reforma Agraria (1959), luego presidente del Banco Nacional y ministro de Economía (1960) y, finalmente, ministro de Industria (1961). Buscando un camino para la independencia real de Cuba, se esforzó por la industrialización del país, ligándolo a la ayuda de la Unión Soviética, una vez fracasado el intento de invasión de la isla por Estados Unidos y clarificado el carácter socialista de la Revolución cubana (1961). En aquellos años, Guevara representó a Cuba en varios foros internacionales, en los que denunció frontalmente el imperialismo norteamericano.

4 Su inquietud de revolucionario profesional, sin embargo, lo hizo abandonar Cuba en secreto en 1965 y marchar al Congo, donde luchó en apoyo del movimiento revolucionario en marcha, convencido de que sólo la acción insurreccional armada era eficaz contra el imperialismo. Relevado ya de sus cargos en el Estado cubano, el *Che* Guevara volvió a Sudamérica en 1966 para lanzar una revolución que esperaba fuera del ámbito continental: valorando la posición estratégica de Bolivia, eligió aquel país como centro de operaciones para instalar una guerrilla que pudiera irradiar su influencia hacia Argentina, Chile, Perú, Brasil y Paraguay.

5 Al frente de un pequeño grupo intentó poner en práctica su teoría, según la cual no era necesario esperar a que las condiciones sociales produjeran una insurrección popular, sino que podía ser la propia acción armada la que creara las condiciones para que se desencadenara un movimiento revolucionario.

6 Sin embargo, su acción no prendió en el pueblo boliviano; por el contrario, aislado en una región selvática en donde padeció la agudización de su dolencia asmática, fue delatado por campesinos locales y cayó en una emboscada del ejército boliviano en la región de Valle Grande, donde fue herido y apresado.

7 Fue asesinado poco después, en octubre de 1967, en la escuela del pueblo boliviano La Higuera, parece ser que por órdenes del ejército boliviano y —según algunas fuentes— aconsejado por la CIA. Expusieron su cadáver a los periodistas y curiosos en un lavadero, antes de enterrarlo en secreto.

8 Se salvó, sin embargo, su *Diario de campaña*, publicado en 1967. En 1997 los restos del Che Guevara fueron localizados, exhumados y trasladados a Cuba, donde fueron enterrados con todos los honores por el régimen de Fidel Castro.

(www.biografiasyvidas.com/biografia/g/guevara. Texto adaptado)

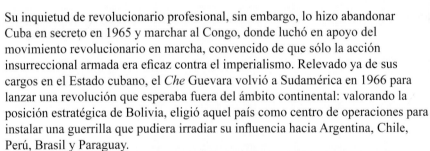

Para comprender el texto

6. Responde a las siguientes preguntas
   (párrafo 1).

   A. ¿Cuál era el verdadero nombre del "Che"?

   B. ¿Qué tipo de familia era la suya?

   C. ¿Qué vio durante su viaje por diferentes
   países de América Latina?

   D. A partir de ese viaje, ¿qué tipo de
   pensamiento invadió al Che?

El juego de las palabras

7. Busca en el texto *(párrafo 2)* las palabras o
   expresiones que significan:

   ***Ejemplo: cambio violento en las
   instituciones políticas, económicas o
   sociales de una nación:*** *Revolución*

   A. tropa no muy numerosa, con poca o
   ninguna dependencia del Ejército, que
   acosa y molesta al enemigo.

   B. hombre que tiene autoridad y poder para
   hacer las veces de otro en un cargo.

   C. ganar, mediante operación de guerra, un
   territorio, población, posición, etc.

   D. combate entre ejércitos enemigos.

   E. gobierno que en un país impone
   su autoridad incumpliendo
   la legislación anteriormente
   vigente.

Piensa

8. Elige la opción correcta.

   La nueva orientación política cubana, seguida
   por el Che Guevara…

   A. fue aprobada por Estados Unidos. ☐

   B. se rechazó desde la Unión
   Soviética.

   C. recibió el apoyo de la Unión
   Soviética.

   D. seguía el modelo de Estados
   Unidos.

9. Elige la opción correcta.

   El Che pretendió trasladar la revolución a
   Bolivia porque…

   A. era el país con más desigualdades ☐
   de la zona.

   B. podía extenderse desde ahí a otros
   países debido a su localización
   céntrica.

   C. era uno de los países más alejados
   de la influencia de Estados Unidos.

   D. había muchos partidarios de esa
   ideología.

10. Elige la opción correcta.

Para que la revolución triunfara, …

A. debería haber un enfrentamiento con armas. ☐

B. el pueblo tendría que levantarse contra el gobierno.

C. habría que mentalizar a la población de su importancia.

D. los dirigentes tendrían que ser del pueblo.

11. ¿Cuáles de las siguientes afirmaciones aparecen en el texto? Señala si son verdaderas (**V**) o falsas (**F**) y justifica tu respuesta con palabras del texto.

	V	F
A. El Che tuvo muchos seguidores en Bolivia.	☐	☐

   Justificación: ……………………………………

   ………………………………………………………

| B. El Che murió luchando en una guerra por la revolución. | ☐ | ☐ |

   Justificación: ……………………………………

   ………………………………………………………

| C. Años más tarde fue enterrado en Cuba con un gran homenaje de Fidel Castro. | ☐ | ☐ |

   Justificación: ……………………………………

   ………………………………………………………

Para usar correctamente la lengua

12. Escribe los verbos que están entre paréntesis en **pretérito perfecto simple** (o **pretérito indefinido**). Pretérito

Ejemplo: El Che (ser) *fue* **también un escritor prolífico.**

El *Diario de campaña* del Che **[A]** (pasar) ……….. a manos del ejército y de la CIA pero luego **[B]** (ser) …… rescatado, lo que **[C]** (permitir) ……….. su difusión por Cuba. Quien **[D]** (decidir) ……….. entregar el *Diario* a La Habana **[E]** (ser) ……….. Antonio Arguedas, un alto cargo del gobierno boliviano.

Algunos militares bolivianos **[F]** (pensar) ……….. hacer el gran negocio con la edición del *Diario* y al efecto **[G]** (haber) ……….. prontas ofertas de poderosas editoriales norteamericanas. La aparición del *Diario* **[H]** (producir) ……….. en el alto mando de entonces un hondo pesar. El documento **[I]** (difundirse) ……….. casi simultáneamente en Cuba, Chile, México y países europeos. **[J]** (Haber) ……….. quienes **[K]** (decir) ……….. que ese documento no era el auténtico diario del Che. El gobierno de Bolivia **[L]** (reconocer) ……….. que el *Diario* difundido era auténtico. Parece ser que Arguedas **[M]** (poder) ……….. hacer una copia del documento original.

Para aprender más…

¿Lo sabías?

Parece ser que fue el artista irlandés Jim Fitzpatrick quien reprodujo la primera imagen del Che Guevara en un póster. Hoy en día, el rostro del Che es mundialmente conocido. Las películas *Diarios de motocicleta* y *Che* han contribuido a difundir la historia del Che entre las nuevas generaciones.

13. Las siguientes palabras son llanas (o graves). Unas necesitan llevar tilde, y otras no. Clasifícalas según corresponda, acentuándolas correctamente cuando sea necesario.

asma ✻ debil ✻ miseria
revolucionario ✻ carcel ✻ imperialismo
delatado ✻ fragil ✻ lapiz ✻ izquierdista
ministro ✻ caracter ✻ album
cesped ✻ cubano ✻ asesinado ✻ arbol
angel ✻ lavadero ✻ cadaver

Ejemplo:

Con tilde	Sin tilde
débil	*asma*
…	…

Para escribir

Tu respuesta personal

14. Lee el siguiente fragmento y elabora una respuesta personal de 150 a 250 palabras.

El 14 de junio de 2008 Ernesto Che Guevara, asesinado en Bolivia en 1967 habría cumplido 80 años. Su célebre *Diario de Campaña*, que resume la lucha guerrillera que él comandó, ha cumplido 40 años desde su publicación en 1968. Se ha convertido en un documento que en varios idiomas ha tenido y mantiene una difusión planetaria y alcanza tanta celebridad como su autor. Las anotaciones manuscritas de este texto comienzan el 7 de noviembre de 1966 y la última de ellas está fechada el 7 de octubre de 1967. Al día siguiente sería herido en combate y apresado. Transcurridas 48 horas, en contra de las leyes de guerra y de la propia legalidad boliviana, fue asesinado. En Bolivia no existía la pena de muerte. Su muerte lo convirtió durante décadas en un mito para muchos jóvenes y todo lo relacionado con su imagen (fotos, camisetas…) supuso un gran negocio para esa industria capitalista que el Che tanto rechazó y contra la que tanto luchó.

(Hernán Uribe, http://alainet.org/active.Texto adaptado)

En tu respuesta personal deberías comentar si en tu país de origen o de residencia el Che ha tenido algún tipo de influencia en la sociedad o la cultura, o bien si ha existido otro líder tan carismático como él.

15. La organización solidaria con la que colaboras está preparando un homenaje al Che Guevara. Como representante de esa organización has ido a Cuba a entrevistar a uno de sus hijos para hablar sobre lo que fue el Che como revolucionario y como padre. Escribe el texto de la entrevista. (Mínimo 250 – máximo 400 palabras)

Trabajo escrito

Al final de su diario de viaje, Ernesto Guevara, el Che, escribió:

"... fue nuestra visión demasiado estrecha, demasiado parcial, demasiado apresurada, fueron nuestras conclusiones demasiado rígidas, tal vez. Pero este vagar sin rumbo por nuestra mayúscula América me ha cambiado más de lo que creí, yo ya no soy yo, por lo menos no soy el mismo yo interior."

Ernesto Guevara de la Serna, 1952

16. Ahora imagínate que eres el joven Ernesto Guevara, y que estás realizando tu viaje en moto por América. Escribe unas anotaciones en tu diario, contando tus impresiones de un día del viaje, describiendo lo que has visto y explicando el efecto que el viaje está teniendo en tu forma de ver el mundo.

Para hablar

Individualmente

La desigualdad social en Cuba

17. Observa estas cuatro imágenes, y prepara una exposición oral sobre lo que representan: dos de ellas reflejan la pobreza en Cuba y las otras dos, todo lo contrario. Comenta cuáles de las dos realidades son más habituales en Cuba. Estos contrastes sociales tan fuertes, ¿crees que son propios de América Latina? ¿Existen estas diferencias en tu país o en el lugar donde resides?

Escucha y habla con tus compañeros

18. Presta atención a diferentes partes de la película *Diarios de motocicleta*. La primera, a los diálogos que establece el Che en un ambiente juvenil y familiar despreocupado, en un contexto socioeconómico solvente. Compara sus comentarios y reflexiones en partes posteriores de la película donde se enfrenta a situaciones de injusticia y desigualdad social. Comparte con tus compañeros estas diferentes perspectivas de la película.

Debate con tus compañeros

19. Se va a dividir la clase en dos grupos. Uno de ellos será partidario de la ideología revolucionaria del Che, y el otro defenderá una posición capitalista y la economía de mercado con todas sus consecuencias.

Primero cada grupo preparará los argumentos que va a presentar. Luego cada uno deberá hacer su presentación al otro. A continuación se establecerá un debate.

Vocabulario y frases para el debate:

Revolución, capitalismo, progreso, industrialización, elementos de producción, propiedad colectiva, transformación, mercantilismo, cambio, propiedad individual, sublevación, estado del bienestar, igualdad social, rebelión, liberalismo, riqueza, renovación, industrialización, giro completo, régimen económico, clases sociales.

injusticia

hambre

colesterol

comida

obesidad

alimentación

autoestima

nutrición

anorexia

adelgazar

malnutrido

trauma

sobrepeso

engordar

solución

hambruna

metabolismo

Unidad 7: Problemas alimentarios

Cuestiones globales – Salud

Tema troncal	Cuestiones globales
Opción temática	Salud
Contenidos gramaticales	El futuro imperfecto de indicativo (verbos regulares e irregulares) La forma perifrástica "ir a" + infinitivo

Para empezar

1. Intenta definir, junto a tus compañeros, las siguientes palabras sin mirar en el diccionario:

   — hambruna

   — obesidad

   — anorexia

   • Luego busca la definición de las palabras anteriores en el diccionario.

   • ¿Las tres palabras tienen alguna relación entre sí?

   • ¿Has visto en algún medio de comunicación algo relacionado con este tema?

2. Mira las siguientes imágenes y comenta tus impresiones con tus compañeros.

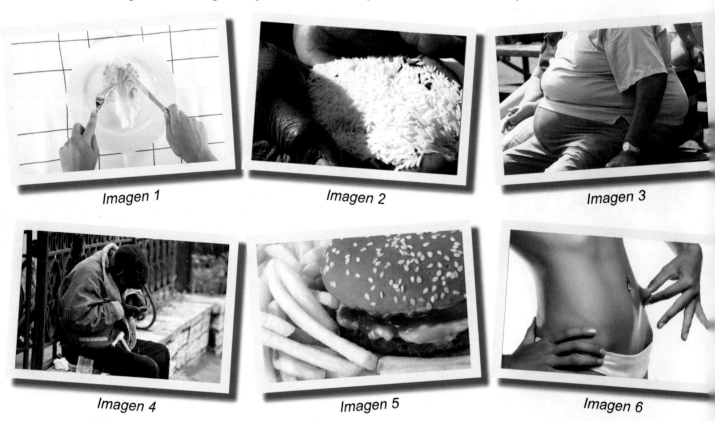

Imagen 1   Imagen 2   Imagen 3

Imagen 4   Imagen 5   Imagen 6

3. Junto a tus compañeros, contesta las siguientes preguntas en relación a la obesidad, la hambruna y la anorexia.

   • ¿Crees que alguno de los problemas alimenticios o la hambruna prevalece en el mundo hispano? ¿Crees que la situación es más o menos similar en todos los países en los que se habla español?, ¿por qué?

   • ¿Cómo es la situación en tu país de origen o de residencia respecto a estos temas? ¿Y la de otros países?

Para leer

4. Lee el siguiente texto.

Morir de opulencia

Mientras 800 millones de personas sufren de sobrepeso en el mundo, otros tantos millones se acuestan todas las noches con hambre. Ambas situaciones constituyen un serio problema alimentario.

Sirva como ejemplo la situación de Colombia, donde según las últimas estadísticas, existe uno de los mayores índices de personas anoréxicas del mundo que conviven con un 20% de población malnutrida. Los establecimientos de la llamada comida basura se multiplican por todo el mundo mientras que en los últimos 100 años se han perdido unas tres cuartas partes de la diversidad genética agrícola.

Otro caso tremendamente paradójico es que cada cinco segundos muere un niño de hambre mientras que uno de cada cinco niños en algunos países desarrollados es peligrosamente obeso. Por otra parte, unos 10 millones de personas mueren cada año debido al hambre o las enfermedades mientras que el mundo produce comida más que suficiente para todos los seres humanos; no hay que olvidar el contrasentido que Latinoamérica produce suficientes comestibles como para alimentar tres veces a su población, según el último estudio del Banco Iberoamericano para el Desarrollo.

La realidad es tremendamente absurda. Y es que la convivencia de la hambruna con la obesidad como problemas alimentarios de primer orden, así como la existencia de casi el mismo número de obesos que de personas que sufren malnutrición, no deja de resultar descabelladamente paradójico.

Aunque se considera a menudo un símbolo de riqueza y abundancia, la obesidad suele ser un signo de nutrición deficiente. A medida que las poblaciones se desplazan de entornos rurales a urbanos, la alimentación a base de legumbres, cereales y raíces deja paso a otra con un contenido mayor de grasas y azúcares. Esto lleva a la obesidad, y con ella a un aumento del riesgo de cardiopatías, hipertensión, diabetes y ciertos tipos de cáncer. La consecuencia es una trágica contradicción: los países que todavía siguen luchando para alimentar a gran parte de su población tienen ahora que hacer frente a los costes del tratamiento de la obesidad y de las enfermedades graves relacionadas con ella.

Muchas de estas personas venderían su alma por conseguir una pastilla mágica que les permitiese hartarse a comer sin engordar. Las industrias farmacéuticas lo saben y por eso invierten mucho más dinero en productos de adelgazamiento y estética que en la investigación de enfermedades como la malaria que sigue matando a miles de personas cada año.

Así que mientras los gastos en sanidad aumentan por problemas de salud debidos a una mala alimentación, más de la mitad de la carga de enfermedades del mundo se puede atribuir al hambre, la ingestión desequilibrada de energía o la deficiencia de vitaminas y minerales. En términos económicos, la obesidad cuesta dinero al Estado mientras que el hambre supone pérdidas incalculables de potencial humano y desarrollo social.

La obesidad infantil es uno de los problemas más preocupantes. La mezcla de una mala alimentación con una vida sedentaria frente al televisor, convierte a los niños en blanco perfecto para la alta presión arterial, niveles elevados de colesterol en la sangre, tolerancia anormal a la glucosa y problemas ortopédicos; además, suelen sufrir problemas sociales y psicológicos que desencadenan traumas y problemas de autoestima.

Al margen del debate estético y médico sobre la obesidad, existe una realidad que denota una muestra de injusticia social. En este extraño mundo en el que la gente se muere por no poder comer o hacerlo en exceso, la paradoja de morir de opulencia cobra mucho sentido.

A estas alturas ya no vale la excusa de no saber cómo cambiar las cosas, las soluciones están ahí, las oímos repetidas veces al año, cada vez que se publican los informes de la FAO [1] o de la ONU [2], o al oír las recomendaciones de los médicos o simplemente utilizando el sentido común.

(Fran Araújo, "Morir de opulencia", www. ucm.es/info/solidarios. Texto adaptado)

[1] **FAO**   Organización de las Naciones Unidad para la agricultura y la alimentación
(Food Agricultural Organization)

[2] **ONU**   Organización de las Naciones Unidas

Para comprender el texto

5. Busca en el texto *(párrafos 1 a 3)* las palabras o expresiones que significan:

*Ejemplo: **Perteneciente o relativo a la alimentación:*** *alimentario*

A. Excesiva acumulación de grasa en el cuerpo.

B. Escasez de alimentos básicos que causa carestía y miseria generalizada.

C. Condición causada por una dieta inadecuada o insuficiente, o por un defecto en el metabolismo de los alimentos.

D. La que se produce de forma industrial y estandarizada para su consumo inmediato.

E. Sustancias que se ingieren por la boca para nutrirse.

Piensa

6. ¿Cuáles de las siguientes afirmaciones aparecen en el texto (párrafos 4 y 5)? Señala si son verdaderas (**V**) o falsas (**F**) y justifica tu respuesta con palabras del texto.

	V	F
*Ejemplo: **Tanto la hambruna como la obesidad constituyen una grave preocupación para los expertos en alimentación.***	☑	☐

Justificación: *la convivencia de la hambruna con la obesidad como problemas alimentarios de primer orden.*

	V	F
A. Hay muchas más personas con hambre en el mundo que obesos.	☐	☑

Justificación: ....

	V	F
B. Las personas con sobrepeso son ricas.	☐	☐

Justificación: ....

	V	F
C. Pesar demasiado puede ser peligroso para la salud.	☐	☐

Justificación: ....

	V	F
D. En muchos lugares del mundo se están buscando soluciones para que no haya hambruna.	☐	☐

Justificación: ....

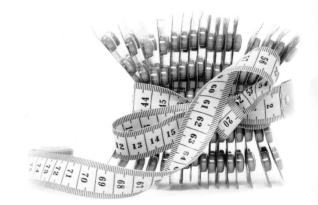

Para usar correctamente la lengua

7. Lee el fragmento del recuadro y escribe los verbos entre paréntesis en **futuro imperfecto de indicativo**.

Una visión del futuro

Las industrias farmacéuticas saben que muchas personas venderían su alma por conseguir una pastilla mágica que les permita hartarse a comer sin engordar, lo saben, y por eso **[A]** (invertir) *invertirán* mucho más dinero en productos de adelgazamiento y estética que en la investigación de enfermedades como la malaria que **[B]** (seguir) ……….. matando a miles de personas cada año.

Así que mientras los gastos en sanidad **[C]** (aumentar) ……….. por problemas de salud debidos a una mala alimentación, más de la mitad de la carga de enfermedades del mundo se **[D]** (poder) ……….. atribuir al hambre, la ingestión desequilibrada de energía o la deficiencia de vitaminas y minerales. En términos económicos, la obesidad **[E]** (costar) ……….. dinero al Estado mientras que el hambre **[F]** (suponer) ……….. pérdidas incalculables de potencial humano y desarrollo social.

Para aprender más…

¿Lo sabías?

Entre los 25 países del mundo que tienen un alto nivel de obesidad, destacan cuatro países hispanohablantes. Llama la atención en estos países las diferencias entre hombres y mujeres respecto a la obesidad.

Hombres

Puesto nº 4 – Panamá, con el 27,9%

Puesto nº 22 – Chile, con el 19,6%

Puesto nº 23 – Argentina, con el 19,5%

Mujeres

Puesto nº 4 – Panamá, con el 36,1%

Puesto nº 6 – México, con el 34,5%

Puesto nº 13 – Chile, con el 29,3%

8. Escribe los verbos del siguiente fragmento en la forma perifrástica: "ir" (en presente de indicativo) + a + infinitivo, como en el ejemplo.

La obesidad infantil **[A]** (ser) *va a ser* una de las más preocupantes. La mezcla de una mala alimentación con una vida sedentaria frente al televisor, **[B]** (convertir) .... a los niños en blanco perfecto para la alta presión arterial, niveles elevados de colesterol en la sangre, tolerancia anormal a la glucosa y problemas ortopédicos; además, **[C]** (sufrir) .... problemas sociales y psicológicos que **[D]** (desencadenar) .... traumas y problemas de autoestima.

Piensa

9. Contesta las siguientes preguntas basándote en los párrafos 9 y 10 del texto y elige la opción correcta.

¿Qué indica la existencia de muchas personas con sobrepeso?

A. Los tratamientos médicos no funcionan. ☐

B. No se preocupan de su aspecto externo.

C. Antes de ser obesos han pasado hambre.

D. Es un síntoma de desigualdad social.

10. ¿Qué dice el texto sobre los remedios contra la obesidad?

A. No hay ninguno eficaz. ☐

B. Sólo los tienen los médicos.

C. Proceden de los expertos y del sentido común.

D. Los proporcionan las organizaciones alimentarias.

Para escribir

11. Imagínate que eres un/a adolescente que tiene una vida sedentaria y pasa horas frente al televisor, y nunca hace ejercicio ni sale a jugar con sus amigos. Escribe en tu diario las actividades de una jornada habitual. (Mínimo 250 – máximo 400 palabras)

Tu respuesta personal

12. Lee el siguiente fragmento y elabora una **respuesta personal** de 150 a 250 palabras

> *Muchas personas venderían su alma por conseguir una pastilla mágica que les permitiese hartarse a comer sin engordar. Las industrias farmacéuticas lo saben y por eso invierten mucho más dinero en productos de adelgazamiento y estética que en la investigación de enfermedades como la malaria que sigue matando a miles de personas cada año.*

En tu respuesta personal deberías comentar la contradicción existente entre la búsqueda de la belleza y las enfermedades derivadas de la pobreza o la falta de medios. Sería aconsejable relacionar el tema con la situación al respecto en tu país o lugar de residencia.

Individualmente

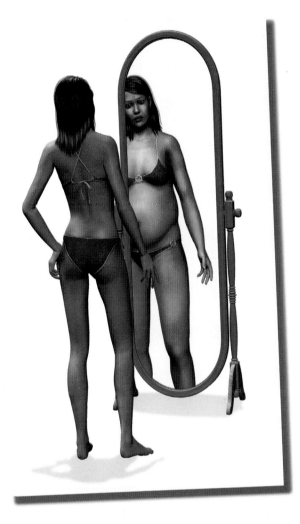

La anorexia, trastorno de la alimentación

13. Haz una exposición oral, previa preparación, sobre lo que ves en esta imagen. ¿A quiénes afecta más la anorexia? ¿Existe un prototipo de persona que sufra este trastorno de la alimentación? ¿Por qué ocurre? ¿Crees que afecta por igual en cualquier parte del mundo? ¿En el ámbito hispánico, es mayor o menor su incidencia? No olvides comentar cómo es la situación sobre este tema en tu país de origen o de residencia.

Dramatiza con tus compañeros

14. Previa investigación, la clase se va a situar en la sección de *Trastornos alimentarios* de un hospital. Como mínimo habrá: una persona obesa y una anoréxica. Se pueden añadir otros personajes: un médico, los padres, otros familiares, amigos, novios, etc.

Se trata de buscar actividades o situaciones en las que participen todos los afectados: en sus ratos libres, haciendo terapia, enamoramientos, simpatía / antipatía hacia alguien…

tecnología

internauta

literatura

enciclopedia

relatos

difusión

mensaje

chat

Internet

futuro

sociedad

memoria

biblioteca

transmitir

imaginación

página

cuento

comunicación

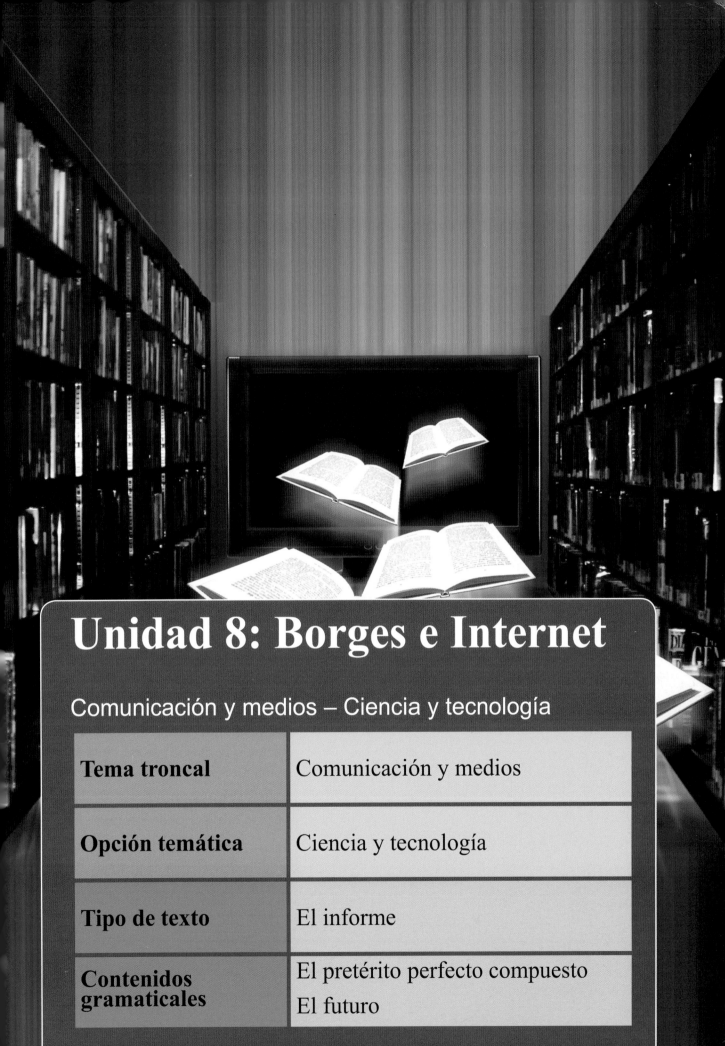

Unidad 8: Borges e Internet

Comunicación y medios – Ciencia y tecnología

Tema troncal	Comunicación y medios
Opción temática	Ciencia y tecnología
Tipo de texto	El informe
Contenidos gramaticales	El pretérito perfecto compuesto El futuro

Para empezar

1. Internet es el medio de comunicación de nuestros días. También es un importante medio de transmisión de la cultura.

    Observa las fotos y reflexiona. ¿Qué piensas tú sobre el valor de Internet como medio de transmisión de la cultura en la sociedad contemporánea? Piensa en la difusión de la literatura, la música, el cine, etc., y considera las ventajas y las desventajas de Internet como medio de transmisión de la cultura. Luego discútelo con el resto de la clase.

2. Pensando específicamente en la literatura ¿crees que existe algún tipo de relación entre la literatura e Internet? ¿Qué características en común y qué características diferentes señalarías? Conversa con tus compañeros.

3. Busca en Internet información sobre este tema y elabora un informe que luego presentarás al resto de la clase.

Para ello considera los siguientes puntos:

*   temas
*   mundos que se crean y se ofrecen a la imaginación
*   modo de transmisión del mensaje
*   alcance masivo
*   proyecciones futuras.

Debes incluir:

*   evidencias
*   datos
*   estadísticas.

Al elaborar tu informe, ten en cuenta lo siguiente:

*   Emplea **el tiempo presente** para referirte al estado actual de la cuestión.

*   Emplea **el pasado** para referirte al hecho o situación que puede funcionar como anticipo o punto de partida de la situación actual.

*   Emplea **el futuro** para referirte a las posibles proyecciones futuras.

*   Indica con **precisión** las fechas, los datos, las cifras que se incluyen.

*   Adopta un **punto de vista objetivo** en la presentación: uso de la tercera persona.

*   Da importancia a sustantivos y adjetivos que expresan **la información principal**.

*   Menciona **las fuentes** de tu información.

4. Debate con el resto de la clase las conclusiones a las que llegaste.

Para leer

5. Lee uno de los dos textos a continuación que te asignará tu profesor y haz las actividades asociadas con él.

ARTÍCULO 1

De cómo Borges adivinó Internet y otras fabulaciones

Borges

Muchos han sido los autores que han versado sus obras en asuntos tecnológicos o han hecho de la técnica el principal protagonista de sus relatos. Desde los visionarios del mundo que hoy nos ha tocado vivir, como Julio Verne o H.G. Wells, hasta los que han referido el futuro que nunca veremos, como Philip K. Dick o Isaac Asimov. Generaciones de lectores hemos disfrutado con su despliegue de imaginación y, gracias a ellos, hemos sido capaces de entender mejor el universo que nos rodea. En todos ellos la referencia tecnológica es obvia. Pero hay otros que, quizá sin saberlo, casi seguro que sin saberlo, han anticipado asuntos venideros sin que sus escritos versen sobre esas materias. ①

No negaré que las líneas que siguen exigen al lector su completa complicidad con lo que en ellas se describe, incluso mucha imaginación… Espero, en cualquier caso, no enfadar ni disgustar a nadie con mi atrevimiento. ②

Que Borges adivinó Internet no es a estas alturas secreto alguno para cualquier iniciado en la lectura de sus escritos, siempre que, a la vez, sienta debilidad por el hipervínculo. En su *Libro de arena*, publicado en 1975 (¿sabría ya algo Don Jorge Luis?), nos describe el hallazgo de un libro cuyo número de páginas es "exactamente infinito. Ninguna es la primera; ninguna, la última". Incluso hace mención al concepto de hipervolumen, entendido como el número infinito de volúmenes. Considerando el número de páginas abordable a través de la Red, las ideas, los conceptos parecen converger. Y ya que hemos entrado en un juego, no permitiré al lector que me indique que al conectarnos siempre nos aparecerá la llamada "página de inicio". Tanto el lector como yo sabemos que esa página puede ser tan infinita como el propio Internet. ③

Siguiendo con la Red, según el informe *eEspaña 2003*, elaborado por la Fundación AUNA, el "chat" es la tercera herramienta más utilizada por los internautas, con especial incidencia en nuestro país. Pues bien, tan exitoso instrumento fue anticipado nada menos que en 1719. Cierto es que no eran el cable o el par de cobre el medio de transporte, sino las olas, pero Daniel Defoe convertía a su Robinson Crusoe no solo en el precursor del moderno "manitas" (ese hombre hacía de todo y todo lo hacía bien), sino en abanderado de toda una generación de ciudadanos posterior a él en casi 300 años, al escribir un mensaje, encapsularlo y enviarlo al mundo con la confianza de que alguien no necesariamente conocido, en algún destino no previamente determinado, tuviera a bien recibir el mensaje y sobre todo, contestarlo. ④

Manuel Gimeno, Director General de la Fundación Orange España

(http://www.fundacionorange.es Texto adaptado)

"La Historia Universal es la de un solo hombre."

Jorge Luis Borges

Guía de lectura para el artículo 1

Para empezar

Investiga

6. Busca datos sobre los autores que se mencionan en el texto: nacionalidad, época en la que vivieron y escribieron, preocupaciones centrales en su literatura.

7. ¿Conoces a alguno de ellos? ¿Has leído alguna de sus obras? Comenta tus impresiones con el resto de tu grupo.

Para comprender el texto

8. Indica qué frases son verdaderas según la información del párrafo 1, como en el ejemplo.

En relación con estos autores el texto dice que:

A. sus obras están escritas en verso. *B*

B. la tecnología es un elemento importante en muchas de sus obras. ☐

C. algunos anticiparon el mundo actual. ☐

D. las características de su literatura impiden el desarrollo de la imaginación. ☐

E sus obras ayudan a comprender mejor el mundo.

F. todos son conscientes de su visión futurista.

G. sus obras pueden confundir nuestra interpretación del mundo.

H. muchos anticiparon el futuro sin saberlo.

9. Según lo que expresa en el párrafo 2 del texto, ¿qué actitud espera Manuel Gimeno del lector de este artículo? Elige la opción correcta:

A. criterio analítico ☐

B. esfuerzo

C. participación activa

D. escepticismo

10. Según el párrafo 3 del texto, ¿qué concepto característico del universo de Internet aparece ya en el *Libro de arena*?

11. ¿Y qué elemento de la Red podría hacer dudar de la relación entre Internet y el *Libro de arena* según el párrafo 3?

12. ¿Qué **tres** acciones que hizo Robinson Crusoe lo convierten en iniciador de la mecánica del "chat"?

13. ¿Qué **dos** acciones espera Robinson Crusoe de sus receptores, que lo igualan a los usuarios del "chat"?

14. ¿Qué tipo de texto crees que es éste? Elige la opción correcta y justifícala:

A. una crítica literaria ☐

B. un informe sobre la literatura contemporánea

C. una descripción de un libro de Borges

D. un artículo argumentativo

"Si viéramos realmente el Universo, tal vez lo entenderíamos."

Jorge Luis Borges

ARTÍCULO 2

LECTURAS DE LA OBRA DEL GRAN ESCRITOR ARGENTINO

Borges, 1976

¿Borges fue precursor de Internet?

Varios críticos encuentran en sus textos las claves de la intersección entre nueva tecnología y literatura. Un ejemplo es la idea de "biblioteca total" que apareció en 1941 y que anunciaría la capacidad de Internet.
Por: Noam Cohen

1 Jorge Luis Borges parece un candidato inesperado al "hombre que descubrió Internet". Sin embargo, un creciente número de comentaristas contemporáneos —ya se trate de profesores de literatura o de críticos culturales como Umberto Eco— concluye que, por más extraordinario y bizarro que parezca, Borges **prefiguró** la World Wide Web.

2 En un libro reciente, *Borges 2.0: From Text to Virtual Worlds (Borges 2.0: del texto a los mundos virtuales)*, Perla Sassón-Henry explora las relaciones entre la Internet descentralizada de YouTube, los blogs y Wikipedia y los cuentos de Borges, que "hacen del lector un participante activo". Sassón-Henry, profesora asociada del Departamento de Estudios del Lenguaje de la Academia Naval de los Estados Unidos, describe a Borges como alguien "del Viejo Mundo pero con una visión futurista".

3 Un grupo de relatos de Borges — entre ellos *Funes, el memorioso, La biblioteca de Babel y Tlön, Uqbar, Orbis Tertius*— se publicó en los Estados Unidos bajo el título de *Labyrinths* a principios de los años 60. Con sus bibliotecas infinitas y hombres que no olvidan, enciclopedias y mundos virtuales, así como portales que abarcan todo el planeta, los relatos pasaron a constituir un canon para los que se encuentran en la **intersección** de la nueva tecnología y la literatura.

(*Clarín. Revista Ñ*, 8 de enero de 2008 © *The New York Times y Clarín.*Texto adaptado)

Guía de lectura para el artículo 2

Para empezar

Investiga

15. Busca datos sobre Jorge Luis Borges: época en la que vivió y escribió, preocupaciones centrales en su literatura.

16. ¿Has leído alguna de sus obras? Comenta tus impresiones con el resto de tu grupo.

Para comprender el texto

17. ¿Qué palabra de la introducción del texto es equivalente a "confluencia"?

18. Según lo que dice la introducción, ¿qué característica de la biblioteca pensada por Borges anticiparía la gran dimensión de Internet?

19. ¿Qué expresiones del párrafo 1 son equivalentes a las siguientes?

A. Borges adivinó Internet

B. aunque la propuesta es muy pretenciosa

20. ¿Cómo completarías las siguientes frases con palabras tomadas del párrafo 2?

A. La característica del lector que le interesa a la profesora Sassón-Henry es que se trata de …

B. Desde la perspectiva de Sassón-Henry, aunque Borges no es un escritor del siglo XXI, se anticipa a él a través de …

21. En el párrafo 3 del texto se mencionan **tres** cuentos de Borges. ¿Cuáles son?

22. Dos de estos cuentos sugieren a través de sus títulos algunas de las características que se enumeran después en el mismo párrafo. Relaciona los dos títulos con la característica que te parezca más representativa.

1. *Funes, el memorioso*	☐	**A.** bibliotecas infinitas
2. *La biblioteca de Babel*	☐	**B.** hombres que no olvidan
		C. enciclopedias y mundos virtuales
		D. portales que abarcan todo el planeta

23. ¿Qué tipo de texto crees que es éste? Elige la opción correcta.

A. una crítica literaria ☐

B. un informe sobre el enfoque contemporáneo de la lectura de Borges

C. una descripción de un libro de Borges

D. un afiche que promociona la obra de Borges

Para hablar con tus compañeros

Cada alumno ha leído uno de los dos artículos, y ahora vamos a compararlos.

24. ¿Cuáles son las semejanzas y diferencias entre los dos textos? Considera los siguientes aspectos:

¿Qué artículo…?

A. sostiene que Borges anticipó Internet

B. hace referencia a varios escritores

C. habla solamente de Borges

D. toma como punto de partida un libro escrito sobre Borges

E. se centra en un cuento de Borges

F. se centra en tres cuentos de Borges

G. destaca fundamentalmente la cualidad de "infinito" o "total"

H. reclama una actitud determinada a los lectores de Borges

25. En conclusión, ¿qué forma de tratar el tema te interesó más? ¿Por qué?

Para escribir

26. A partir de los aspectos señalados en los textos anteriores, escribe un texto de entre 300 y 400 palabras eligiendo el tipo de texto que te resulte más adecuado.

Algunos temas posibles son:

- Literatura e Internet.
- Ventajas y desventajas de la comunicación en red.
- Los jóvenes y su relación con los libros y con Internet.

Trata de incluir en tu enfoque una reflexión comparativa entre el modo de manifestación de esos fenómenos en tu propia cultura y en la cultura hispana.

"Siempre imaginé que el Paraíso sería algún tipo de biblioteca."

Jorge Luis Borges

27. Lee este fragmento del resto del artículo de Noam Cohen, "¿Borges fue precursor de Internet?".

Biblioteca universal

Borges: "De esas premisas incontrovertibles dedujo que la biblioteca es total (...) o sea todo lo que es dable expresar: en todos los idiomas. Cuando se proclamó que la biblioteca abarcaba todos los libros, la primera impresión fue de extravagante felicidad. Todos los hombres se sintieron señores de un tesoro intacto y secreto. No había problema personal o mundial cuya elocuente solución no existiera: en algún hexágono".

(Tomado de La biblioteca de Babel, 1941)

Ahora: […] Internet es la Biblioteca Universal, cuyos lectores pueden buscar recetas, tratamientos médicos, banalidades y hasta a sí mismos en Google.

28. A partir de los aspectos señalados en los textos anteriores, y del fragmento del cuento *La biblioteca de Babel* en el texto que acabas de leer, imagina que eres uno de esos hombres sorprendidos por haber encontrado la biblioteca total. Escribe en tu diario personal el relato de cómo fue ese hallazgo, cómo te sientes frente a él y qué posibilidades futuras imaginas. (500 a 600 palabras)

Para usar correctamente la lengua

Analiza

Vuelve a leer el párrafo 1 del Artículo 1 que viene a continuación y responde: ¿cuál es el tiempo verbal predominante?

De cómo Borges adivinó Internet y otras fabulaciones

Muchos han sido los autores que han versado sus obras en asuntos tecnológicos o han hecho de la técnica el principal protagonista de sus relatos. Desde los visionarios del mundo que hoy nos ha tocado vivir, como Julio Verne o H.G. Wells, hasta los que han referido el futuro que nunca veremos, como Philip K. Dick o Isaac Asimov. Generaciones de lectores hemos disfrutado con su despliegue de imaginación y, gracias a ellos, hemos sido capaces de entender mejor el universo que nos rodea. En todos ellos la referencia tecnológica es obvia. Pero hay otros que, quizá sin saberlo, casi seguro que sin saberlo, han anticipado asuntos venideros sin que sus escritos versen sobre esas materias.

29. ¿Qué tipo de hechos señala este tiempo verbal en el párrafo indicado? Elige la opción correcta:

A. Hechos que acaban de suceder.

B. Hechos del pasado que tienen consecuencias presentes.

C. Hechos del pasado sin consecuencias presentes.

D. Hechos muy lejanos en el pasado.

Éste es el principal valor del **pretérito perfecto**.

Ahora observa las siguientes construcciones que aparecen en el Artículo 1:

… el futuro que nunca **veremos**…

… No **negaré**…

… no **permitiré**…

… siempre nos **aparecerá**…

30. ¿Qué expresan las formas verbales destacadas? Elige la opción correcta.

A. Hechos ya ocurridos.

B. Hechos que están ocurriendo ahora.

C. Hechos que aún no ocurrieron.

D. Hechos muy cercanos en el pasado.

Esta forma verbal corresponde al **futuro**.

Practica

31. Aquí tienes un artículo que puede ayudarte a reflexionar sobre los valores de Internet que estás discutiendo, pero para poder leerlo completo, deberás completar los verbos que faltan en el tiempo que corresponda.

"La duda es uno de los nombres de la inteligencia."

Jorge Luis Borges

SI-TIC - VIDA DIGITAL

IGUALDAD DESDE EL LENGUAJE

¿Feminización de Facebook?

Las responsables del II Congreso de Mujeres de Barcelona, que (celebrarse) *se celebrará* en los próximos días, **[A]** (dirigirse) … a los responsables de Facebook para reclamar que esta red social, donde la presencia de mujeres es mayoritaria, utilice un lenguaje más feminizado. Tienen el apoyo de la concejalía de Mujeres y Juventud del Ayuntamiento de Barcelona.

El equipo corporativo de Facebook **[B]** (responder) …….. que **[C]** (estudiar) …….. la propuesta y que **[D]** (mantener) …….. el contacto con los promotores de esta iniciativa.

Esta plataforma había denunciado que Facebook *"utiliza exclusivamente el lenguaje masculino"* tanto en sus versiones en castellano como en catalán. Y **[E]** (reclamar) …….. que se revise la construcción gramatical de género de Facebook y que en todos aquellos idiomas en los que sea posible se incorpore también el lenguaje femenino: *"Por un principio inclusivo y de igualdad de condiciones, tal y como señalan algunas instituciones, entre ellas la Unesco"*.

(http://www.mujeresycia.com)

Para aprender más…

¿Lo sabías?

Internet y el mundo

Hay más de 204 millones de usuarios de Internet en América Latina y el Caribe. Este número equivale al 34% de la población de la región. Sin embargo, se calcula que sólo el 30% de la población mundial tiene acceso a Internet.

Para terminar

¿Jugamos a ser Borges?

32. Lee los siguientes fragmentos del cuento de Borges *El libro de arena*.

> La línea consta de un número infinito de puntos; el plano, de un número infinito de líneas; el volumen, de un número infinito de planos; el hipervolumen, de un número infinito de volúmenes...

_____

_____

> Yo vivo solo, en un cuarto piso de la calle Belgrano. Hará unos meses, al atardecer, oí un golpe en la puerta.

_____

_____

> El número de páginas de este libro es exactamente infinito. Ninguna es la primera; ninguna, la última.

_____

_____

> Si el espacio es infinito estamos en cualquier punto del espacio. Si el tiempo es infinito estamos en cualquier punto del tiempo.

33. Completa los blancos entre los fragmentos para crear una historia.

34. Ahora lee el argumento del cuento *El libro de arena*.

> **Argumento**
>
> El narrador del cuento recibe de un desconocido un libro sorprendente: como la arena, el libro *"no tiene ni principio ni fin"*. Es imposible encontrar continuidad entre sus páginas, así como llegar a la primera o a la última página del libro.
>
> Maravillado, el narrador decide guardar el libro, pero se obsesiona con él y no puede dejar de estudiarlo. Finalmente, llega a la conclusión de que no podrá descifrar la clave del libro, de que ambos, él y el libro, son monstruosos, y decide esconderlo en medio de los innumerables estantes de la Biblioteca Nacional.
>
> El narrador en primera persona es un otro yo del propio Borges, lo que da una base de realidad tan sorprendente como el libro mágico a toda la historia.

35. Compara el argumento original del cuento de Borges con el que tú propusiste y señala aspectos en común y aspectos diferentes entre ambas versiones.

enfermedades

transmitir

detectar

contagiar

pandemia

curar

epidemia

mutación

gripe

virus

medicina

Unidad 9: Pandemia

Cuestiones globales – Salud

Tema troncal	Cuestiones globales
Opción temática	Salud
Tipo de texto	Las instrucciones
Contenidos gramaticales	Los verbos reflexivos El modo imperativo

Para empezar

A pesar de los permanentes avances en la medicina, siguen apareciendo nuevas enfermedades. Muchas de ellas son producto de la mutación de virus ya conocidos. La humanidad entera se ve expuesta al contagio y los científicos deben luchar contra el tiempo para conseguir curas o vacunas.

1. ¿Reconoces la imagen de esta pandemia? Coméntalo con tus compañeros y profesor/a.

2. ¿Qué sabes sobre la llamada vulgarmente "gripe porcina"?

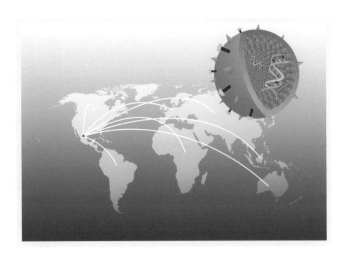

3. ¿Sabes por qué se la considera una pandemia?

4. ¿Conoces algunos modos de prevenirla?

Para leer

5. Lee el siguiente texto.

 GRIPE

PANDEMIA DE INFLUENZA
GRIPE A
(H1N1)

[– SUBTÍTULO I –]

"Gripe" e "influenza A" son dos maneras de denominar a la misma enfermedad aunque el nombre más usado es "gripe".

La gripe A es un nuevo virus que se detecta por primera vez en seres humanos en los Estados Unidos y México en abril de 2009 y que actualmente afecta a la población de más de un centenar de países del mundo, entre ellos la Argentina.

Como es un virus nuevo y las personas no tenemos defensas frente a él, se ha diseminado fácilmente convirtiéndose así en una pandemia, es decir, en una epidemia que afecta simultáneamente a gran cantidad de países del mundo.

[– SUBTÍTULO II –]

La gripe A, al igual que la estacional que se presenta todos los inviernos, se transmite por contacto con secreciones de personas enfermas a través de las gotitas que se diseminan al hablar, toser o estornudar o al entrar en contacto con manos o con superficies contaminadas con esas secreciones.

[– SUBTÍTULO III –]

Los síntomas de la gripe A son similares a los de la gripe estacional:

- fiebre alta (más de 38º C)
- decaimiento
- tos
- congestión nasal
- dolor de cabeza, garganta y muscular
- malestar generalizado
- diarrea y vómitos (en especial en los niños).

Ante estos síntomas, acuda al hospital, centro de salud más cercano o consulte a su médico.

(http://municipios.msal.gov.ar)

Para comprender el texto

Responde a las siguientes preguntas.

6. En el texto faltan los subtítulos. Busca en la siguiente lista el subtítulo más apropiado para cada parte, como en el ejemplo. ¡Cuidado! Hay más subtítulos de los necesarios.

*Ejemplo: **SUBTÍTULO I***   ☐ *E*

1. SUBTÍTULO II   ☐

2. SUBTÍTULO III   ☐

A. Prevención

B. Síntomas

C. ¿Cómo curarse?

D. Transmisión

E. *¿Qué es la gripe o influenza A?*

F. Población

7. Asocia estas imágenes a cada uno de los subtítulos.

Subtítulo I   **Subtítulo II**   **Subtítulo III**

Imagen 1   Imagen 2   Imagen 3

8. Busca en el texto el consejo que debes seguir si crees que te has contagiado.

El juego de las palabras

9. Indica la palabra de la columna de la derecha cuyo significado es equivalente al de las palabras de la izquierda, como en el ejemplo. El número entre paréntesis indica la sección del texto en la que aparece cada palabra.

Ejemplo: detecta (I)   ☐ *C*

1. disemina (I)   ☐

2. secreción (II)   ☐

3. decaimiento (III)   ☐

A. limita, frena

B. mucosidad

C. *descubre, identifica*

D. deshecho, basura

E. debilidad, abatimiento

F. expande, extiende

G. investiga, analiza

H. desprendimiento, caída

Para leer

10. Ahora lee este texto.

PÁGINA OFICIAL DEL MINISTERIO
DE SALUD DE LA NACIÓN SOBRE
PANDEMIA DE INFLUENZA
GRIPE **A**

Información para la comunidad

Las recomendaciones generales para evitar la transmisión de Influenza A (H1N1) son:

- Lavarse frecuentemente las manos con agua y jabón.

- Al toser o estornudar, cubrirse boca y nariz con un pañuelo descartable o con el ángulo interno del codo, y lavarse las manos inmediatamente.

- Evitar llevarse las manos a los ojos, la nariz o la boca.

- Evitar acercarse a personas con síntomas de gripe.

- Tener una alimentación variada y descansar un número suficiente de horas diarias.

- Ventilar y permitir la entrada de sol en la casa, oficinas y lugares cerrados.

- No saludar con besos ni dar la mano.

- Mantener especialmente limpios la cocina, el baño, manijas y barandas, juguetes, teléfonos y demás objetos de uso común.

- No compartir vasos, cubiertos, alimentos ni bebidas.

El uso de barbijos[1] en las personas que no están enfermas de gripe no es una medida de prevención de esta enfermedad. Sólo es necesaria su utilización por parte de personal de salud que está a cargo de la atención de pacientes con sospecha de infección por virus de la gripe y enfermos.

(http://www.municipios.msal.gov.ar)

Para comprender el texto

11. Señala si las siguientes instrucciones son verdaderas (**V**) o falsas (**F**) y justifica tu respuesta con palabras del texto, como en el ejemplo.

	V	F
Ejemplo: Es aconsejable lavarse las manos dos veces al día.	☐	☑

Justificación: frecuentemente

A. Debe lavar el pañuelo cuidadosamente luego de usarlo. ☐ ☐

Justificación: ....
....
....

B. Su dieta debe consistir en comer únicamente frutas y verduras. ☐ ☐

Justificación: ....
....
....

C. Cuando se encuentre con una persona conocida en la calle, debe saludarla sin tener contacto físico con ella. ☐ ☐

Justificación: ....
....
....

---

[1] **barbijo**   *mascarilla*

Para usar correctamente la lengua

12. Observa en el texto de la página 87 los verbos de las instrucciones. Todos están en infinitivo, pero algunos de ellos tienen al final la terminación "-se". Indica cuáles son.

13. Las dos frases del cierre del texto están en presente de indicativo. Reformula las frases utilizando el infinitivo, como en las otras instrucciones del texto.

   A. El uso de barbijos en las personas que no están enfermas de gripe no es una medida de prevención de esta enfermedad.

   → No .... si no está enfermo de gripe.

   B. Sólo es necesaria su utilización por parte de personal de salud que está a cargo de la atención de pacientes con sospecha de infección por virus de la gripe y enfermos.

   → .... si Ud. es personal de salud y está en contacto con enfermos de gripe.

14. Lee el texto de nuevo y pon los verbos de cada una de las instrucciones que están en infinitivo en el modo imperativo. Puedes usar la forma "tú" o "ustedes", según desees.

*Ejemplo: **Lavarse frecuentemente las manos con agua y jabón.***

Lávate/Lávense frecuentemente las manos con agua y jabón.

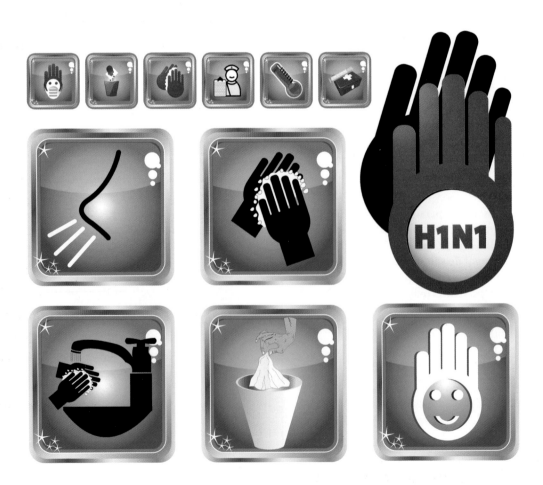

El tipo de texto

Mira otra vez el texto de la página 87 y responde brevemente a las siguientes preguntas.

15. ¿De qué otra manera se denomina, en el encabezamiento del texto, a las instrucciones?

16. ¿En qué parte del texto se explica su objetivo ?

17. ¿Cuál es ese objetivo?

18. ¿Cuál es el propósito comunicativo de este conjunto de instrucciones sobre la Gripe A?

Para escribir

19. Escribe un conjunto de instrucciones para prevenir a la población sobre las medidas a tomar en caso de un desastre natural (inundación, tornado, terremoto, tsunami, etc.). Debe contener un título y una introducción, luego una lista ordenada de instrucciones y un cierre con comentarios adicionales o una conclusión. Utiliza el orden y el registro que prefieras y el infinitivo o el modo imperativo. No olvides agregar marcas visuales e imágenes o dibujos.

    Escribe 200–250 palabras para el Nivel Medio y 300–350 para el Nivel Superior.

Para hablar

20. Una vez que hayas terminado el texto del apartado anterior, haz una breve presentación al resto de la clase sobre el tema que has elegido.

Para terminar

Crear un programa de radio o de televisión

21. Con todas las instrucciones que la clase ha escrito sobre los desastres naturales que afectan al mundo, vamos a hacer un programa de radio o de televisión.

    En dicho programa, un grupo de especialistas en este tipo de desastres (tú y tus compañeros) deben presentar diferentes cataclismos, explicar sus características y brindar un conjunto de instrucciones dirigidas al público en general, para enseñarles cómo actuar ante estos desastres o cómo prevenirlos.

    Luego, los especialistas que intervengan deberán participar en un debate sobre algunos de los siguientes temas:

    - "La rebelión de la naturaleza"

    - "El deterioro ecológico mundial y sus efectos en la economía"

    - "El rol de las organizaciones humanitarias y de los gobiernos en la ayuda a las poblaciones afectadas por grandes desastres naturales".

    Además de que cada uno prepare su presentación y su intervención en el debate, la clase deberá grabar todo como si se tratara de una emisión real. El programa de radio o de televisión debe tener:

    - un coordinador que controle que los temas no se superpongan y que existan opiniones diferentes sobre el mismo tema

    - un periodista que presente los diferentes temas, que dirija los turnos de palabra de cada participante y que modere el debate

    - un especialista en sonido y/o en vídeo, que realice la grabación o la filmación respectiva.

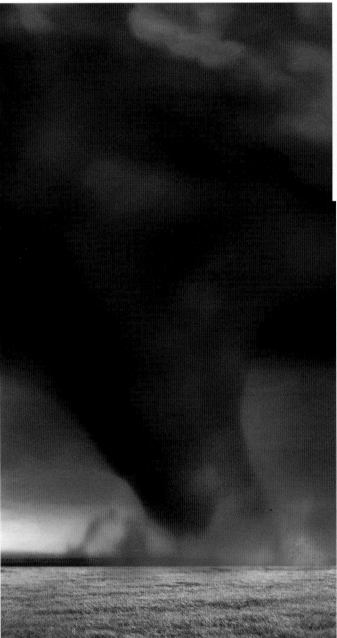

Para aprender más...

¿Lo sabías?

Pandemias:

Siglo XX: la pandemia de gripe más grave fue la de 1918–1919 = entre 40 a 50 millones de muertos en todo el mundo.

Desde 1967 La Organización Mundial de la Salud ha identificado al menos 39 agentes patógenos nuevos. Entre los más graves están:

- VIH/HIV (en todo el mundo)

- Fiebre hemorrágica del Ébola (África)

- Fiebre hemorrágica de Marburgo (Alemania, Australia, África)

- SRAS/SARS (neumonía, principalmente en Asia)

- Gripe H1N1 (en todo el mundo)

corona

política

monarca

Princesa

Infantas

privilegio

realeza

Reina

naturalidad

Europa

democracia

orgullo

heredero

república

Rey

cartas

carisma

consejos

España

Prohibido fotocopiar

Unidad 10: Cartas del Rey de España a su hijo (I)

Relaciones sociales – Costumbres y tradiciones

Tema troncal	Relaciones sociales
Opción temática	Costumbres y tradiciones
Tipo de texto	La carta informal
Contenidos gramaticales	Presente de subjuntivo (verbos regulares)
	Acentuación: palabras esdrújulas
	Conectores

Para empezar

1. Conversa con tus compañeros para contestar las siguientes preguntas sobre España.

   - ¿Cuál es la capital de España?
   - ¿Cuáles son algunas de las ciudades más importantes?
   - ¿Cómo se organiza el país desde el punto de vista político?

2. Busca en el diccionario la definición de "república" y "monarquía" y contesta, junto a tus compañeros, las siguientes preguntas.

   A. España ¿es una república o una monarquía?

   B. ¿En qué hechos te has basado para responder a la pregunta anterior?

   C. ¿Conoces algún país republicano?

   D. ¿Podrías nombrar otros países que sean monárquicos?

3. Haz una entrevista a tres o cuatro personas de diferentes edades (amigos, familiares o gente de tu barrio) sobre el tema de la monarquía. Puedes preguntarles por ejemplo:

   A. ¿En el país donde vives (o has vivido) hay una monarquía?

   B. ¿Sabes algo de la familia real de tu país o de otros?

   C. ¿El rey/la reina tiene poder real o simbólico?

   D. ¿Encuentras útil la existencia de la monarquía hoy en día o, por el contrario, te parece obsoleta?

   E. Algunas personas afirman que los miembros de la familia real son unos privilegiados. ¿Qué opinas al respecto?

Para aprender más...

¿Lo sabías?

En el mundo solamente treinta y seis países tienen familia real. La familia real española tiene sus orígenes genealógicos en el siglo XV, en el reinado de los Reyes Católicos, Isabel I de Castilla y Fernando II de Aragón.

Para leer

4. Lee el siguiente texto.

Cartas del Rey de España a su hijo

El príncipe Felipe

1 Las diez cartas que envió el Rey Juan Carlos I a su hijo, el Príncipe Felipe, mientras éste cursaba su último curso de Bachillerato en Canadá, son un documento de extraordinario valor político. Fueron escritas para enseñarle al Heredero los secretos del oficio de Rey.

2 A través de estas cartas, de tono íntimo, se pueden percibir aspectos muy reveladores de la entrañable relación de padre e hijo, del Rey y de quien está llamado a serlo en un futuro indeterminado. Son un verdadero tesoro para los historiadores como lo fueron las que enviara Carlos I de España y V de Alemania a su hijo Felipe II.

3 El Monarca hace notar al Príncipe desde la primera carta la suerte que tiene: "Dispones de comodidades, de beneficios […] Hay que haber carecido de lo imprescindible para apreciar lo que es tener más de lo necesario. Y tú debes esforzarte en comprenderlo puesto que siempre has tenido la suerte de que no te falte de nada".

4 Un contraste evidente con lo que el Rey sufrió hasta hacerse con la Corona. Tuvo que ganarse la confianza del dictador Franco[1] y de los franquistas para acabar con la dictadura y dar paso a la democracia. Por otra parte enojó a su padre, don Juan de Borbón, al ser proclamado Rey, puesto que en principio le habría correspondido a su padre reinar y no a Juan Carlos. Otro hecho a destacar fue que, a los pocos años de ser coronado y de instaurarse la democracia en España, un grupo de militares partidarios de la dictadura llevaron a cabo un golpe de estado[2] que, gracias a la intervención del Rey, no tuvo éxito. Tampoco hay que olvidar que, durante muchos años, ha tenido que convivir con gobiernos de izquierda (liberales) y derecha (conservadores).

MODERADOR DEL ESTADO

5 Hay un aspecto muy útil y a veces infravalorado del papel moderador del Rey, se trata del derecho que tiene de ser informado aunque no pueda comprometerse en sus respuestas. Igualmente, el hecho de que el Monarca y, en el futuro, su hijo ejerzan el mando supremo de las Fuerzas Armadas es concebido por muchos como meramente simbólico; el Rey no puede tomar decisiones en este ámbito puesto que son responsabilidad exclusiva del Gobierno.

SECRETO DEL CARISMA

6 A lo que el Rey dedica mayor atención no es tanto a las cuestiones estrictamente políticas como a transmitir a su hijo su sabiduría para que éste se haga con un carisma.

7 "No te canses jamás de ser amable con cuantos te rodean —le recomienda— y con todos aquellos con los que hayas de tener relación. […] Has de mostrarte animoso aunque estés cansado; amable aunque no te apetezca; atento aunque carezcas de interés; servicial aunque te cueste trabajo".

8 "Tienes que ser ejemplar para que aunque tengas el orgullo de ser quien eres, no aparezcas como orgulloso; para que sepas tender la mano a todo el mundo, pero cuando la tiendas, sea la mano de un Príncipe o de un Rey. Piensa que te juzgarán todos de una manera especial y por eso has de mostrarte natural, pero no vulgar; culto y enterado de los problemas, pero no pedante ni presumido".

LA PRENSA

9 A lo que más espacio dedica en sus cartas es a la forma de tratar a la prensa. En su opinión, "tiene una importancia excesiva en el día de hoy". Hasta el extremo de advertirle que "todos somos un poco esclavos de ella porque maneja unas armas que pueden alzar o derribar a una persona o a una Institución, aumentar su fama o destruirla y llevarla a la vulgaridad y al ridículo".

10 Sin embargo, el monarca le aconseja con muy buen sentido: "Pero esa sensación, que a todos confunde y condiciona, tampoco debe inspirarnos un temor exagerado que se traduzca en una servidumbre irreflexiva. Hay que respetar a la prensa, pero hay que hacerse respetar por ella manteniendo en todo caso una actitud equidistante entre ambos extremos: el miedo y el desprecio a la ignorancia".

11 Y le proporciona una regla de oro: que hable mucho para no decir nada. Dicho, naturalmente, en otras palabras: "Es preferible mostrarse amable y hablar mucho, pero con prudencia y sin hacer afirmaciones importantes, que mostrarse desagradable y decir poco, cuando este poco es delicado y comprometedor".

EL "JUANCARLATO"

12 EL Rey advierte a su heredero contra el escándalo, la frivolidad y la tentación de abusar de su condición. "Los escándalos —le recuerda— serán en ti —valga la paradoja— más escandalosos que en otro muchacho de tu misma edad pero que no fuera hijo de un Rey ni estuviera llamado a serlo en el futuro".

13 Don Juan Carlos, que es un rey muy humano, tiene el coraje de reconocer sus defectos: "No es que yo pretenda ser para ti un ejemplo perfecto, porque el que piensa que lo es, ya ha perdido su perfección por culpa del orgullo y de la vanagloria. Pero quiero reconocer mis faltas para evitarte a ti caer en ellas y pedirte que veas siempre en mi conducta lo que tenga de ejemplar, para que te sirva de ayuda y de directriz". Que es como decir: "Haz lo que yo te digo, pero no hagas lo que yo hago".

14 Nadie puede perpetuarse plenamente en el sucesor del Rey. El padre le ha proporcionado consejos muy sabios pero como ha dicho el Heredero: "Yo no soy mi padre. Mi sociedad no es la de mi padre. Mi generación es muy diferente a la de mi padre".

(José García Abad: "10 cartas con las que le enseñó el oficio" Crónica EL MUNDO. Madrid, 23 de marzo de 2008. Texto adaptado)

[1] **Franco**	General Francisco Franco, dictador que gobernó España desde 1939 hasta 1975.
[2] **golpe de estado**	actuación violenta y rápida, generalmente por fuerzas militares o rebeldes, por la que un grupo determinado se apodera o intenta apoderarse del gobierno de un Estado, desplazando a las autoridades existentes

Palacio Real, Madrid

Para comprender el texto

5. Contesta las siguientes preguntas con palabras del texto *(párrafos 1 y 2)*.

   A. ¿Cómo se llama el Rey de España? ¿Y su hijo?

   B. ¿Con qué finalidad escribió las cartas a su hijo?

   C. ¿Cuál es el tono que predomina en las cartas?

El juego de las palabras

6. Busca en el texto *(párrafos 3 y 4)* las palabras o expresiones que significan:

*Ejemplo: **Soberano o Jefe del Estado que gobierna un país por derecho generalmente hereditario**: Monarca.*

A. sistema de gobierno en que los gobernantes son elegidos por los ciudadanos mediante votación

B. objeto hecho de metales y piedras preciosas que constituye un símbolo de la monarquía

C. en España, título que se le da al hijo del rey, inmediato sucesor en el trono

D. gobierno de un dictador (gobernante que asume todo el poder, sin ser él mismo responsable ante nadie)

E. Jefe del Estado en una monarquía

Para usar correctamente la lengua

7. Escribe los verbos del siguiente fragmento en **presente de indicativo**.

Le (advertir) *advierte* de que **[A]** (haber) .... que moverse con la prensa con los pies de plomo. Las comparecencias ante ella **[B]** (ser) .... imprescindibles pero a veces **[C]** (resultar) .... molestas y siempre peligrosas. "Muchas veces— **[D]** (confesar) .... el Rey— no **[E]** (tener) .... nada de agradable verse poco menos que asaltado por quienes **[F]** (tener) .... como profesión ejercer esa actividad de información y de comunicación". "Todo lo que hagas —le **[G]** (advertir) .... —y todo lo que digas será analizado de manera especial". "**[H]** (Deber) .... ser ejemplar y si **[I]** (acertar) .... a establecer el equilibrio en tu comportamiento **[J]** (poder) .... que acabes llevándote bien con la prensa". "**[K]** (ser) .... necesario huir de cuanto pueda transmitirse en un sentido desfavorable para tu persona o para tu familia y la institución en la que **[L]** (estar) .... plenamente incluido". **[M]** (ser) .... ésta una recomendación muy valiosa pues, aunque él no lo **[N]** (decir) .... el Príncipe no se **[O]** (beneficiar) .... de la complicidad que ha conseguido el Rey con la prensa.

8. Selecciona de la siguiente lista de verbos extraídos del texto, en **presente de indicativo** y **presente de subjuntivo**, los que correspondan a cada oración.

> **encomienda** ✻ **hable** ✻ **rodean** ✻ **dedica**
> **son** ✻ **falte** ✻ **estamos** ✻ **pretenda**
> **canses** ✻ **dispones**

Ejemplo: El monarca le aconseja con muy buen sentido

A. A lo que el Rey ...... mayor atención es a transmitir a su hijo su sabiduría para que éste sea carismático.

B. Le proporciona una regla de oro: que ...... mucho para no decir nada.

C. El Rey le ...... ser prudente.

D. ...... de comodidades y de beneficios.

E. Siempre has tenido la suerte de que no te ...... de nada.

F. ...... en el Juancarlato.

G. Las decisiones sobre las Fuerzas Armadas ......responsabilidad exclusiva del Gobierno.

H. No te ...... jamás de ser amable.

I. Debes ser muy educado con todos los que te ......

J. No es que yo ...... ser para ti un ejemplo perfecto.

9. Mira con atención las siguientes palabras sin acentuar. Entre ellas hay **siete** que son **esdrújulas**. Localízalas y coloca la tilde en la sílaba tónica correspondiente.

> **cartas** ✻ **España** ✻ **principe**
> **heredero** ✻ **padre** ✻ **tesoro**
> **historiadores** ✻ **ultimo** ✻ **militar**
> **politico** ✻ **util** ✻ **exito** ✻ **simbolica**
> **ambito** ✻ **institucion** ✻ **escandalo**

Ejemplo: ámbito

Los conectores

10. Lee el texto y rellena cada espacio con el conector más adecuado del recuadro, como en el ejemplo. Presta atención porque hay más conectores de los necesarios.

> **porque** ✻ **así** ✻ **pues** ✻ **sino**
> **sin embargo** ✻ **sin** ✻ **como** ✻ **y** ✻ **pero**

No estamos en una verdadera monarquía *sino* en el Juancarlato, **[A]** .... no se hace una institución para un solo rey. La monarquía tiene cortas raíces en la España de hoy **[B]** .... el Rey ha conseguido, con mucha habilidad y fino olfato, justificar **[C]** .... dar contenido a una institución que se restauró en España de forma un tanto excepcional.

El Rey ha transmitido a su hijo su experiencia. **[D]** ...., hay cosas intransmisibles, **[E]** .... el carisma y el cariño del pueblo. Mucho dependerá ahora del buen hacer del Heredero.

Para escribir

11. Imagínate que estás estudiando en un internado de un colegio internacional. Acabas de regresar de pasar unos días de vacaciones en casa de un amigo que pertenece a la familia real de su país. Escribe una carta a tus padres contándoles cómo has vivido las costumbres y tradiciones de esa familia; compáralas con las tuyas. (Mínimo 250 – máximo 400 palabras)

Tu respuesta personal

12. Lee el siguiente fragmento y elabora una **respuesta personal** de 150 a 250 palabras.

> Uno de los peligros que acecha a la consolidación de la Monarquía en España es el escándalo que pueden producir determinadas prácticas relacionadas con los negocios o la consecución de determinados trabajos o ventajas por parte de las personas cercanas a la familia real. Hay un sector de la sociedad española que no acepta los privilegios de los que disfrutan el Rey y su familia.

En tu respuesta personal deberías comentar si estás de acuerdo o no en la supuesta situación de privilegio de la realeza y de las personas que están a su alrededor. Por otra parte, podrías comparar este tipo de situaciones con la sociedad de tu país o de otros.

Para terminar

Rueda de prensa con el Rey de España

13. Junto con tus compañeros, busca en internet un **discurso** del Rey de España, Juan Carlos I. Escúchalo con atención, toma notas y comenta su contenido con el resto de tu grupo.

14. Algún alumno puede intentar reproducir el discurso del rey ante los compañeros. Terminado el discurso, el rey atenderá las preguntas de los periodistas (que serán el resto de los compañeros).

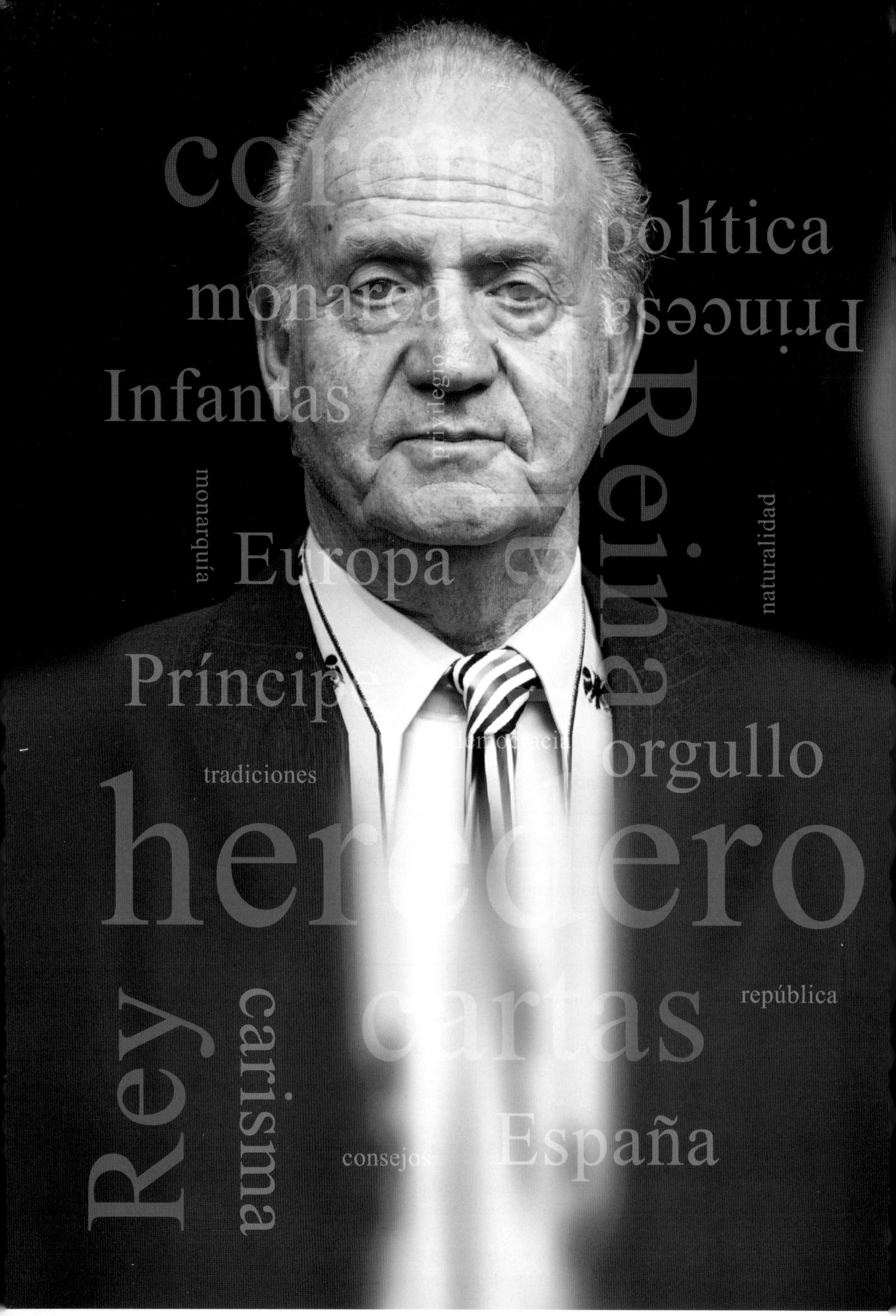

corona
política
monarca
Princesa
Infantas
monarquía
Europa
Reina
naturalidad
privilegio
Príncipe
Rey
tradiciones
orgullo
heredero
república
cartas
carisma
consejos
España

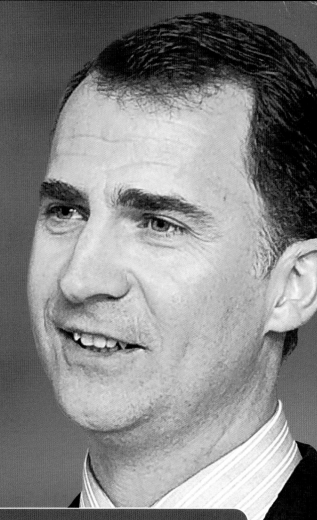

Unidad 11: Cartas del Rey de España a su hijo (II)

Relaciones sociales – Costumbres y tradiciones

Tema troncal	Relaciones sociales
Opción temática	Costumbres y tradiciones
Tipo de texto	La carta formal
Contenidos gramaticales	Presente de subjuntivo (verbos irregulares) Acentuación: palabras agudas y esdrújulas

Esta unidad podría estar destinada sólo al Nivel Superior

Para empezar

1. Busca algunas fotografías de los tres hijos del Rey Juan Carlos de España.

   A. ¿Quién es el/la mayor de los hermanos? ¿Y el/la menor?

   B. ¿Cómo los describirías físicamente? ¿Te parece que se puede adivinar cómo es su carácter viendo las fotos?

   C. ¿Crees que su imagen es similar a cualquier persona de su edad o, por el contrario, representan alguna característica de la realeza, si existe tal cosa?

2. Contesta, junto a tus compañeros, las siguientes preguntas sobre la sucesión a la corona.

   A. ¿Sabes por qué el futuro Rey será el Príncipe Felipe a pesar de que es el hijo pequeño? ¿Por qué no puede ser la Infanta Elena la futura reina de España siendo la hija mayor? Consulta esta información en cualquier medio o con tu profesor.

   El Príncipe Felipe

   B. ¿Te parece que esta ley de sucesión está desfasada hoy en día? ¿Consideras esta situación una discriminación para la mujer o, por el contrario, es justificable?

   C. ¿Conoces algún otro país donde ocurra lo mismo?

3. Los tópicos son lugares comunes, clichés o expresiones triviales muy empleadas. En esta actividad vas a reflexionar sobre algunos tópicos relacionados con el mundo hispano. Responde a las siguientes preguntas.

   A. ¿Piensas que la sociedad española es machista o te parece que éste es un tópico como otros muchos?

   B. ¿Qué otros tópicos acerca de la sociedad española conoces? ¿Tienen alguna base real?

   C. ¿Podrías mencionar y explicar otros tópicos sobre habitantes de otros países hispanohablantes? ¿Son invenciones o certezas?

   D. ¿Conoces otros tópicos sobre habitantes de otros países que no sean hispanohablantes? ¿Son invenciones o son certezas?

Algunos tópicos sobre España y los españoles: ¿son ciertos o no?

Flamenco, toros, sol, paella, sangría, machismo, pasión, romanticismo, fiesta, siesta, tradición, religión, familia

Para leer

4. Lee el siguiente texto. Podrás observar que se han omitido algunos subtítulos.

CARTAS DEL REY AL PRÍNCIPE

LOS CONSEJOS QUE DON JUAN CARLOS DIO A SU HIJO PARA SER UN PERFECTO HEREDERO

Diplomacia, cuestiones militares, constitucionales, anotaciones de simple sentido común y, por supuesto, consejos de padre. El oficio de Rey en la monarquía española tiene características especiales. Es una lección que no se aprende ni en la universidad ni en los libros. Por eso don Juan Carlos fue enseñando de forma epistolar a su hijo y Heredero. El Rey trató desde los grandes temas hasta los mínimos matices: "A veces, son los pequeños detalles los que se proyectan de manera fundamental". Éstos son algunos fragmentos significativos de las cartas. ①

MIRA A LOS OJOS. "Acostúmbrate a mirar siempre de cara a las personas, fijando tus ojos en los suyos, prestándoles atención y demostrando interés por su presencia, por lo que digan, por lo que hagan. En ocasiones, es más difícil saber escuchar lo que los demás nos cuentan que contarles algo amable o interesante. ②

No mires nunca con indiferencia, como si no vieras a la persona que tienes frente a ti. Y saluda en todas las circunstancias. Si juzgas que alguien por ser inferior, no merece ser saludado, piensa que eres tú, al comportarte así, quien está poniendo de manifiesto una inferioridad". ③

[– SUBTÍTULO I –]

"Eres el Heredero de la Corona; estás llamado a los más altos destinos; tienes la admiración y la consideración de innumerables personas. Las personas que te rodean te respetan, te obedecen y están dispuestos a complacer tus deseos. ④

Y aunque todos estos privilegios tienen también la contrapartida de que te es difícil pasar desapercibido, de que en ti se fije la general atención y de que hayas de ser objeto de una vigilancia puntual del servicio de seguridad, no puedes dejar de darte cuenta de que la vida te ofrece más ventajas que inconvenientes y más satisfacciones que sinsabores". ⑤

[– SUBTÍTULO II –]

"El Rey no puede inclinarse decididamente por una opción política determinada ni poner de manifiesto jamás sus simpatías, sus preferencias o sus antipatías o repulsas. ⑥

El Rey ha de estar con todos los partidos políticos en general y con ninguno en particular, si bien ha de colaborar lealmente con el que en cada momento se encuentre en el poder como consecuencia de unas elecciones libres y acordes con la ley". ⑦

[– SUBTÍTULO III –]

"Aficiónate al conocimiento de la Historia, de la que formas parte tan destacada, para obtener de ella las lecciones y experiencias que te van a ser de tanta utilidad. Interésate por la biografía de tus antepasados y de los grandes hombres para deducir sus cualidades positivas y negativas. Sigue las primeras y huye de las segundas, porque todo tu afán y tu interés ha de centrarse en desempeñar dignamente el papel y la misión que te corresponden". ⑧

[– SUBTÍTULO IV –]

"Es preciso mantener un comportamiento adecuado, sin mostrarse severo y malhumorado para responder a lo que puedan preguntarte, ni excesivamente franco, con la posibilidad de caer en la improvisación no medida o en la indiscreción perjudicial. [...] Hay que acostumbrarse a dominar los impulsos y sujetar las ideas, para que no se nos escapen de manera intempestiva y peligrosa". ⑨

[– SUBTÍTULO V –]

10 "No abuses nunca de lo que el país pone a tu disposición y piensa que eres un caso excepcional y que has de agradecer también excepcionalmente lo que se te proporciona. Utilízalo con modestia y sin ostentación".

11 ***REY DE MÍNIMOS.*** "Si la soberanía reside en el pueblo, ya no es el Rey quien puede por sí solo disponer y gobernar a su libre albedrío, sino que se convierte en un servidor más — si bien sea muy elevado — de ese pueblo al que en estos tiempos se ha traspasado aquella soberanía".

12 ***LA DEMOCRACIA.*** "Es conveniente que tú, a quien van a corresponder funciones fundamentales — y no siempre escritas ni claramente definidas — te compenetres bien con estos conceptos, para que obtengas un buen aprendizaje y reconozcas la necesidad de que tus conocimientos te permitan tener una participación importante en la actividad política del país.

13 Una participación que ha de estar por encima de opciones políticas determinadas, de partidos y de grupos, pero que deben tener en cuenta todos los que existan en cada momento para apoyarlos en sus justos términos, pues su conjunto armonizado, matizado y acertadamente valorado, constituye el sentimiento general del país. Y ese es el verdadero contenido de la Democracia".

14 ***VÍNCULO MILITAR.*** La relación que se adquiere en las Academias Militares perdura a través de los años y supone el vínculo más fuerte que puede imaginarse entre quienes comparten la profesión de las armas. [...] La lealtad a tus compañeros, a tus Jefes y a tus inferiores; la sinceridad y la verdad; el convencimiento de la alta misión que corresponde a las Fuerzas Armadas como defensoras de la unidad de España y del orden constitucional".

(José García Abad, "10 cartas con las que le enseñó el oficio" *Crónica EL MUNDO*. Texto adaptado.)

Para comprender el texto: El juego de las palabras

5. Busca en el texto *(párrafo 1)* los **sinónimos** de las siguientes palabras, como en el ejemplo:

Ejemplo: apuntes: anotaciones

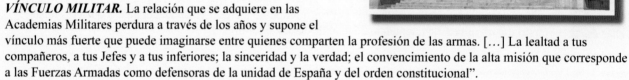

   A. recomendaciones

   B. trabajo

   C. monarca

   D. enseñanza

   E. primordial

   F. partes

   G. representativos

6. Busca en el texto *(párrafos 2 y 3)* los **antónimos** de las siguientes palabras, como en el ejemplo.

Ejemplo: nunca: siempre

    A. distracción

    B. desinterés

    C. ausencia

    D. fácil

    E. nada

    F. desagradable

    G. superior

7. En el texto faltan los **subtítulos**. Relaciona cada sección de la columna de la izquierda con el subtítulo más adecuado de la columna de la derecha, como en el ejemplo. Presta atención, ya que hay más subtítulos de los necesarios.

Ejemplo: SUBTÍTULO I   C

1. SUBTÍTULO II   ☐
2. SUBTÍTULO III   ☐
3. SUBTÍTULO IV   ☐
4. SUBTÍTULO V   ☐

    A. El pasado
    B. Costumbres
    C. *Ventajas*
    D. Austeridad
    E. Juicio popular
    F. Imparcialidad
    G. Ocio
    H. Equilibrio
    I. Mostrar interés
    J. Inconvenientes

Para aprender más…

¿Lo sabías?

Las reinas en el trono

Al principio del siglo XXI hay solamente tres mujeres que reinan en el mundo: Isabel II de Gran Bretaña, Beatriz de Holanda y Margarita II de Dinamarca.

Piensa

8. ¿Cuáles de las siguientes afirmaciones aparecen en el texto *(párrafos 11 a 14, desde el subtítulo "Rey de mínimos")*? Señala si son verdaderas (**V**) o falsas (**F**) y justifica tu respuesta con palabras del texto.

	V	F
Ejemplo: El pueblo es quien elige el gobierno, no el Rey.	☑	☐

Justificación: *la soberanía reside en el pueblo, ya no es el Rey quien puede por sí solo disponer y gobernar a su libre albedrío*

	V	F
A. Las competencias destinadas al Príncipe están bien delimitadas y no siempre escritas.	☐	☐

Justificación: ....

	V	F
B. El Príncipe no deberá implicarse totalmente en la política del país.	☐	☐

Justificación: ....

	V	F
C. Guardará fidelidad a toda clase de personas que compartan con él la Academia Militar.	☐	☐

Justificación: ....

Para usar correctamente la lengua

9. Escribe los verbos de las siguientes frases en **presente de subjuntivo**.

Ejemplo: Muestra interés por lo que (decir) *digan* **las personas**

A. Presta atención a lo que (hacer)…… la gente de tu entorno.

B. Estos privilegios tienen la contrapartida de que el príncipe (haber) …… de ser objeto de una vigilancia inusual.

C. El Rey ha de colaborar con el partido que en cada momento (encontrarse) …… en el poder.

D. El Rey se convierte en un servidor más del gobierno, aunque (ser) …… muy elevado.

E. Es conveniente que te (aprender) …… bien estos conceptos para que (obtener) …… un buen aprendizaje y (reconocer) su importancia.

F. Es preciso guardar el equilibrio adecuado para responder a lo que (poder) …… preguntarte.

G. Hay que acostumbrarse a dominar los impulsos para que no se nos (escapar) …… de manera intempestiva.

H. No (abusar) …… nunca de lo que el país pone a tu disposición.

I. No (mirar) …… nunca con indiferencia.

Analiza

10. Las siguientes palabras son **agudas** con tilde o **esdrújulas**. Clasifícalas, según corresponda y coloca la tilde en la sílaba tónica correspondiente.

> caracteristicas ✳ minimos
> comun ✳ leccion ✳ atencion ✳ interes
> acostumbrate ✳ admiracion
> consideracion ✳ estan ✳ prestandoles
> politica ✳ tambien ✳ opcion
> jamas ✳ terminos ✳ participacion
> aficionate ✳ mision ✳ relacion
> profesion ✳ interesate ✳ improvisacion
> vinculo ✳ indiscrecion ✳ disposicion
> utilizalo ✳ ostentacion

Palabras agudas	Palabras esdrújulas
Ejemplo: común	características

Para terminar

Debate con tus compañeros

11. Después de haber contestado las preguntas al principio de esta unidad sobre la Ley Sálica de sucesión a la corona, la clase se va a dividir en dos grupos.

- El primero defenderá dicha Ley Sálica por la que las mujeres no tienen derecho a reinar.

- El segundo grupo estará en contra de esa ley, defendiendo el derecho de las mujeres a reinar.

Palacio Real, Madrid

permisividad

escuelas

amigos

infancia

juventud

educación

inocencia

déspotas

profesores

negación

familia

violencia

independencia

ética

valores

Prohibido fotocopiar

Unidad 12: Adolescentes difíciles

Cuestiones globales – Costumbres y tradiciones

Tema troncal	Cuestiones globales
Opción temática	Costumbres y tradiciones
Tipo de texto	El correo electrónico
Contenidos gramaticales	El pretérito imperfecto de subjuntivo El condicional simple

Para empezar

1. Intenta definir, junto a tus compañeros, los siguientes conceptos en términos generales.

   A. Educación

   B. Valores cívicos

   C. Valores humanos

   D. Ética

   E. Familia

2. Junto a tus compañeros, contesta las siguientes preguntas.

   A. ¿Crees que estos conceptos están vigentes actualmente en la vida diaria o, por el contrario, se han perdido? ¿Los adolescentes los siguen y los respetan?

   B. ¿Podrías comentar algunas situaciones reales en las que hayas comprobado si estos conceptos se respetan o no?

3. Mira los siguientes cuatro grupos de imágenes sobre adolescentes o jóvenes.

   A. ¿Qué título o tema pondrías a cada uno de ellos?

   B. Explica los motivos por los cuales has asignado tu título a cada grupo de fotos.

   C. Obviamente ninguno de los grupos de fotos representa a la totalidad de los jóvenes, pero si tuvieras que elegir solo uno, ¿cuál crees que representa mejor el mundo de los adolescentes?

   D. ¿Crees que las situaciones retratadas en las fotografías responden a la vida cotidiana o, por el contrario, son fotos posadas?

   E. Elige las tres fotos que más te hayan impactado o sorprendido y explica por qué.

GRUPO 1

GRUPO 2

GRUPO 3

GRUPO 4

4. Junto a tus compañeros, contesta las siguientes preguntas en relación a los valores familiares y sociales de los adolescentes.

   A. ¿Te parece que los jóvenes del mundo hispanohablante tienen mucho en común entre ellos o según el país de donde procedan son diferentes?

   B. ¿Cómo es la tradición familiar en los países hispanos? ¿Los jóvenes la respetan?

   C. ¿Cómo es la situación en tu país de origen o de residencia respecto a estos temas? ¿Y la de otros países?

Vocabulario para conversar

jóvenes, diversión, riesgo, ocio, amigos, familia, individualismo, Internet, relaciones, despersonalización, éxito, deportes, esfuerzo, colegio, amigos estudios, globalización, grupo, moda, fiestas, pandillas, respeto, convivencia

   Prohibido fotocopiar   © Advance Materials 2011

Para leer

5. Lee el siguiente texto.

Hasta aquí hemos llegado

1 "No sé qué hacer con él", "le digo las cosas, pero no me hace caso", "si le niego algo se pone violento y pierde los nervios, hasta me levanta la mano", "me insulta y se niega a hacer lo que le mando", "tengo miedo de mi hijo". Si alguna vez se ha visto repitiendo alguna de estas frases en referencia a su hijo, el diagnóstico es claro: tiene a un déspota en casa.

2 En un reciente estudio realizado por una fundación en Argentina se le preguntaba a numerosos adolescentes: "Cuando ves un producto en televisión y quieres comprarlo pero tus padres te dicen que no, ¿qué sientes?" Las respuestas ponen los pelos de punta: "Me dan ganas de insultar a mis padres" (dicho por una joven de 13 años), "los odio" (16 años), "ganas de romper la televisión" (13), "que no me quieren" (16 años).

3 Las denuncias de madres que han sido maltratadas por sus hijos son cada vez más numerosas. Eso sin tener en cuenta las continuas vejaciones verbales y todos los casos no denunciados, ya que pocos padres se atreven a aceptar que han criado a un tirano.

4 Hemos entronizado la infancia y la juventud. Ahora el rey de la casa ordena y dispone a su gusto y no acepta que se le contradiga. Los padres sufren a diario las consecuencias de no haberle parado los pies a tiempo, el famoso "hasta aquí hemos llegado". En casa son los dueños del mando, deciden si sus padres van a salir de casa, si los abuelos pueden disponer del salón...

5 Éste es el peligro de una educación excesivamente permisiva. Si los padres soportan esta tensión continua es porque saben que tienen parte de responsabilidad.

6 Los familiares abdican de sus deberes como educadores en favor de las escuelas e instituciones públicas y, en el peor de los casos, del televisor. Los profesores se encuentran con niños desbocados para los que un mandato no es más que una recomendación algo molesta que deben seguir en función de una apetencia circunstancial. El deber queda relegado por el deseo infecundo. No es que el niño no sepa lo que quiere, sino que no sabe querer lo que debe. Mucha de esta ira y prepotencia nace del vacío de valores, de la desorientación que provoca no tener un patrón claro de comportamiento.

7 La realidad no está ahí para que la aprehendamos sin más, para disfrutar de las cosas consumiéndolas. Primero hay que enseñar a mirar. En eso consiste la educación, en forjar una estructura de valores cívicos y humanos desde los que acercarse a la realidad.

8 Afirmaciones como que hay que aprender divirtiéndose o que un padre tiene que ser un amigo acaban provocando frustración, ya que ni aprender tiene por qué ser siempre divertido ni un padre es lo mismo que un amigo. Sucede lo mismo con los padres que quieren que sus hijos disfruten de todo lo que ellos no tuvieron, olvidando que muchas veces son lo que son justamente por eso.

9 La adolescencia es un periodo difícil, lleno de cambios y muy desestabilizador. Muchas veces la negación se convierte en la única manera que encuentran los jóvenes para reafirmarse como personas independientes. Si no existe una base sólida esta crisis puede convertirse en una ruptura de difícil arreglo.

10 Resulta imprescindible reforzar los vínculos familiares y los afectos. Especialmente el respeto hacia los mayores. El vínculo entre un abuelo y su nieto, roto cada vez más por los videojuegos y la visión negativa de los mayores en la sociedad, es de vital importancia para el desarrollo de las relaciones familiares y los valores.

11 Para evitar tener que colgar una placa en la puerta de casa con el lema "Cuidado con el niño, muerde", es imprescindible atajar los problemas desde la primera infancia. En esa etapa los niños absorben todo y forjan su carácter. Por eso resulta muy útil lo que los psicólogos han denominado como las tres C: coherencia, consistencia y continuidad. Tener un criterio común que no se contradiga, que un sí sea un sí y un no un no y mantenerlos a lo largo del tiempo. Hay que saber decir "hasta aquí hemos llegado" a tiempo. Después puede ser tarde.

(Fran Araújo, "Hasta aquí hemos llegado", www. ucm.es/info/solidarios. Texto adaptado)

Para comprender el texto

Contesta las siguientes preguntas basándote en los párrafos 1 y 2 del texto y elige la opción correcta.

6. La palabra "déspota" en el texto significa …

A. persona que gobierna sin sujeción a ley alguna. ☐

B. alguien que trata con dureza a sus subordinados.

C. el que impone su voluntad a las personas cercanas.

D. abuso de superioridad sobre todas las personas.

7. El adolescente de 13 años cuando sus padres le niegan un objeto anunciado en televisión, dice que…

A. desea destrozar el televisor. ☐

B. sus padres no le quieren.

C. detesta a sus padres.

D. le gustaría dañar a sus padres.

El juego de las palabras

8. Busca en el texto *(párrafo 3)* los **sinónimos** de las siguientes palabras.

A. acusación

B. golpeada, vejada

C. ofensa lingüística

D. déspota

9. Busca en el texto *(párrafo 4)* las expresiones que significan:

A. [el adolescente es] el centro de atención de la familia

B. [los padres viven con las consecuencias de] no haberles puesto límites a los adolescentes.

10. Ahora busca un lema que muestre el punto final de una situación conflictiva *(párrafo 4)*.

Para usar correctamente la lengua

11. A continuación vamos a hablar de situaciones hipotéticas. Para esto se usan los verbos en **pretérito imperfecto de subjuntivo** y en **condicional**. Las siguientes frases resumen algunas de las ideas del texto. Completa cada oración con los verbos en pretérito imperfecto de subjuntivo y en condicional, como en el ejemplo.

A. Si un padre (ser) *fuera* sólo un amigo para su hijo, no (ser) *sería* suficiente para su educación.

B. Si la educación (basarse) .... en una estructura de valores cívicos y humanos, la realidad de los adolescentes (ser) .... más amable.

C. Si la educación no (ser) .... tan permisiva, los padres no (tener) .... que soportar tanta tensión.

D. Si las familias no (proporcionar) .... a los jóvenes una base sólida, (poder) .... producirse una ruptura de difícil arreglo entre ambas partes.

E. Si los familiares no (abdicar) .... sus deberes como educadores en las escuelas, los profesores no (encontrarse) .... con niños desbocados.

Para escribir

12. Escribe un ensayo sobre el tema *"Las denuncias de madres que han sido maltratadas por sus hijos son cada vez más numerosas"*. (Mínimo 250 – máximo 400 palabras).

Tu respuesta personal

13. Lee el siguiente fragmento sacado del texto y elabora una **respuesta personal** de 150 a 250 palabras.

La realidad no está ahí para que la aprehendamos sin más, para disfrutar de las cosas consumiéndolas. Primero hay que enseñar a mirar. En eso consiste la educación, en forjar una estructura de valores cívicos y humanos desde los que acercarse a la realidad.

En tu respuesta personal deberías comentar el exceso de consumismo de muchos adolescentes y la disminución de valores cívicos y humanos entre gran parte de ellos. Sería aconsejable relacionar el tema con la situación al respecto en tu país o lugar de residencia.

Para hablar

Individualmente

14. Haz una exposición oral, previa preparación, sobre la familia tradicional y la relación entre sus miembros.

¿Crees que el prototipo de familia tradicional es el que predomina hoy en día o, por el contrario, ha sufrido cambios? Se dice que la familia en el mundo hispánico es muy tradicional, ¿estás de acuerdo? No olvides comentar cómo es la situación sobre este tema en tu país de origen o de residencia.

Para terminar

Canta con tus compañeros

15. Vamos a dividir la clase en dos grupos. Uno de ellos va a representar a uno o varios adolescentes difíciles en relación con su familia y su mundo. El otro reflejará las dificultades de los padres o uno de ellos solo (la madre o el padre) para educar y comprender al adolescente difícil. Cada grupo deberá componer una canción sobre su tema. Podrá basarse en canciones conocidas o totalmente inventadas, tanto la letra como la música.

juventud

comunicación

argumento

jóvenes

vida

sociedad

vulnerable

cultura

educación

actitud

inclusión

problema

empleo

desfavorecido

futuro

Unidad 13: Los jóvenes en el mundo

Relaciones sociales – Diversidad cultural

Tema troncal	Relaciones sociales
Opción temática	Diversidad cultural
Tipo de texto	La entrevista
Contenidos gramaticales	Los conectores El discurso directo e indirecto

Para empezar

1. La situación de los jóvenes en el mundo actual es tema de muchos artículos periodísticos. A continuación vas a ver los titulares de algunos de ellos. Trabaja con tus compañeros y decide qué tres titulares son los más representativos de la situación de los jóvenes en el mundo actual.

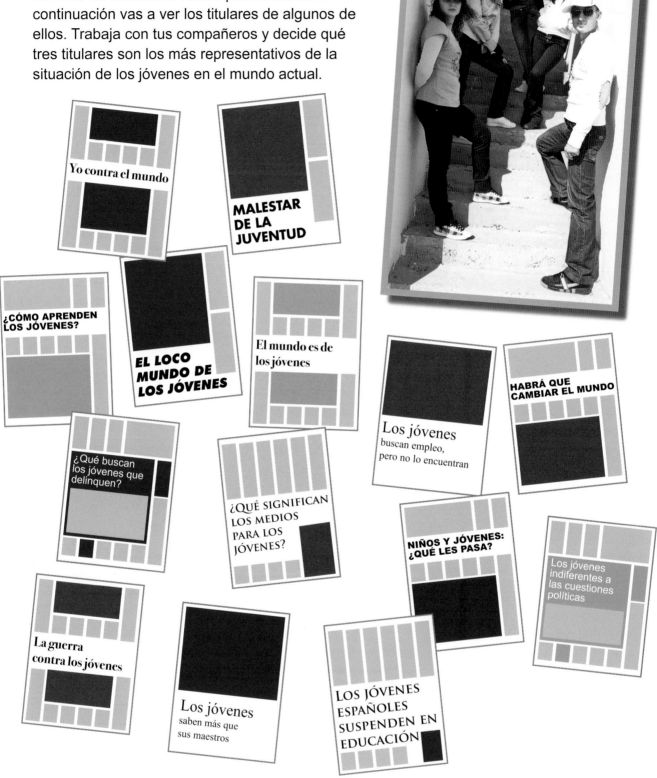

2. Cada grupo va a presentar los titulares seleccionados al resto de la clase, y explicar por qué son los más representativos de la situación de los jóvenes en la actualidad.

3. Después de escuchar todas las presentaciones de tus compañeros, ¿qué conclusiones puedes sacar acerca de los aspectos positivos y negativos que afectan a los jóvenes en la actualidad?

4. Lee el siguiente texto. Como vas a ver, faltan las preguntas del periodista.

La guerra contra los jóvenes

Rossana Reguillo es una investigadora prestigiosa en Ciencias Sociales, en Guadalajara (México). Actualmente trabaja sobre juventud, culturas urbanas, comunicación y medios masivos, con especial interés en la relación cultural entre la comunicación y los derechos humanos.

[– Pregunta 1 –]

—Vengo trabajando en el tema de los jóvenes y las culturas juveniles durante más de 20 años, no solamente en México sino también en diversos países de América Latina y veo que a lo largo de estos años, especialmente a mediados de la década del 90, se da un proceso social muy dramático: la violencia ejercida contra los jóvenes desde algunos Estados, especialmente de los jóvenes pertenecientes a los sectores más desfavorecidos y vulnerables de la sociedad. Lo que preocupa es el silencio de la sociedad, que sigue sin ofrecer garantías de inclusión a sus jóvenes menos favorecidos.

Hacia el final de la década del noventa, hay un empobrecimiento estructural de los jóvenes latinoamericanos, es decir los jóvenes tienen una enorme dificultad de acceso a condiciones dignas de vida, con diferencias según distintos países de América Latina. Argentina, por ejemplo, ha logrado mantener ciertas garantías de acceso educativo, pero no es capaz de garantizar la inclusión en el mercado laboral.

[– Pregunta 2 –]

—La fórmula de la "guerra contra jóvenes" se relaciona, por ejemplo, con las condiciones cada vez más precarias del empleo: los empleos duran poco tiempo y se pagan mal. Vemos también cómo aparecen continuamente notas periodísticas con contenido hipócrita, socialmente hablando, que hablan de "los jóvenes violentos, peligrosos, vinculados a las redes de la mafia", etc., pero el problema es que no se analiza por qué muchos jóvenes latinoamericanos ven en el robo y el crimen la única alternativa de solución.

[– Pregunta 3 –]

—Esta guerra de la sociedad contra sus jóvenes, y contra sus pobres, lo que ha producido es la expropiación de cualquier noción de futuro para muchos de estos jóvenes, cuya esperanza de vida no va más allá de los 20, 25 años. Lo que hay que hacer es construir posibilidades de futuro diferentes para ellos.

[– Pregunta 4 –]

—La sociedad debería tener mecanismos para exigirles a los medios de comunicación un trabajo más serio, más profundo, más reflexivo, ya que los medios contribuyen a aumentar el problema.

(Héctor Carignano, www.sitiocooperativo.com.ar y www.parapensarelpais.com.ar)

Para comprender el texto

Piensa

Responde a las siguientes preguntas.

5. Basándote en la introducción del texto, elige la opción correcta.

Rossana Reguillo es…

A. una estudiosa de cuestiones socio-culturales. ☐

B. una activista en defensa de los derechos humanos.

C. una profesora en la Universidad de Guadalajara.

D. una periodista que trabaja en medios masivos.

6. En el texto faltan las preguntas. Para reponerlas, relaciona las respuestas del texto con la pregunta correspondiente de la columna derecha.

Ejemplo: [Pregunta 1] ☐A☐

A. *Según sus declaraciones: "la sociedad les declaró la guerra a los jóvenes", una expresión por demás provocativa. ¿Cómo explica esta posición?*

1. [Pregunta 2] ☐

B. ¿Cuál es el rol de los medios de masas frente a esta problemática?

2. [Pregunta 3] ☐

C. ¿Cuál es, entonces, el futuro?

3. [Pregunta 4] ☐

D. Usted dice que hay un patrón similar de comportamiento por parte del Estado con respecto a los jóvenes en distintas ciudades de América Latina. ¿Qué aspectos abarca?

7. Según lo que dice Rossana Reguillo en su respuesta a la primera pregunta…

A. ¿Cuál es el momento más crítico en la evolución del proceso?

B. ¿Cuáles son los grupos sociales que sufren más?

C. ¿Cuál es la actitud más alarmante en el medio social?

8. Rossana Reguillo menciona una circunstancia positiva en relación con un país latinoamericano.

A. ¿Cuál es ese país?

B. ¿Cuál es la circunstancia positiva?

El juego de las palabras

9. Basándote en la respuesta a la segunda pregunta, busca en el texto:

   A. la definición de "condiciones precarias de empleo"

   B. la razón por la que Rossana Reguillo considera que la expresión "los jóvenes violentos, peligrosos, vinculados a las redes de mafia", es hipócrita.

El tipo de texto

10. ¿Qué tipo de texto es este que nos permite conocer las ideas de Rossana Reguillo? Elige la opción correcta:

   A. Una crónica sobre la vida de un joven marginado. ☐

   B. Un informe sobre la problemática de los jóvenes marginados.

   C. Una entrevista a una especialista en el tema.

   D. Un ensayo sobre la marginalidad juvenil.

11. El texto que acabas de leer es una **entrevista**. Identifica a los siguientes participantes:

   • El *entrevistador* es …

   • El *entrevistado* es …

La argumentación

También es importante saber para qué hablan las personas dentro de un texto determinado.

12. Observa: el título y la primera pregunta del entrevistador sintetizan la opinión de Rossana Reguillo sobre la situación de los jóvenes en la sociedad actual. ¿Podrías identificar su **hipótesis** tal como aparece expresada en esas partes del texto?

13. A lo largo de la entrevista, Rossana Reguillo justifica su hipótesis con una serie de **argumentos** (justificaciones razonadas sobre el problema). En tu cuaderno, haz una lista con todos los que encuentres (son aproximadamente 6):

Ejemplo:

Argumento 1: *la violencia ejercida contra los jóvenes desde algunos Estados*

14. Frente a esa circunstancia, Rossana Reguillo hace dos propuestas de acción concreta que funcionan como **conclusión**. ¿Cuáles son?

Cuando se da una opinión sobre un tema justificándola a través de argumentos razonados, se construye una **argumentación**, de modo que esta entrevista es de carácter argumentativo.

Para usar correctamente la lengua

Analiza

Observa el siguiente fragmento de la entrevista *(del párrafo 3)*:

> *Hacia el final de la década del noventa, hay un empobrecimiento estructural de los jóvenes latinoamericanos, es decir los jóvenes tienen una enorme dificultad de acceso a condiciones dignas de vida, con diferencias según distintos países de América Latina.*

15. Reguillo reformula (vuelve a expresar de otra manera) su argumento "hay un empobrecimiento estructural de los jóvenes latinoamericanos". ¿Cuál es la expresión que utiliza para reformularlo?

16. Para que un texto tenga unidad es necesario vincular entre sí las oraciones y los párrafos expresando correctamente las relaciones que se establecen entre ellos. Las palabras o grupos de palabras que permiten establecer relaciones entre los distintos elementos de una frase son **los conectores**. Ahora vamos a practicar el uso de algunos de ellos. Enlaza los conectores en la columna de la izquierda con su uso en la columna de la derecha, como en el ejemplo.

Conector		Uso
1. pero, sin embargo, en cambio	☐	A. Para dar un ejemplo
2. porque, ya que, puesto que	☐	B. Para expresar causa
3. *Claro, claro que, desde luego, efectivamente*	F	C. Para introducir una idea que contrasta con la anterior, o la limita
4. por ejemplo	☐	D. Para añadir información adicional
5. también, además	☐	E. Para resumir o recapitular la información anterior
6. es decir, en otras palabras, dicho de otra manera, o sea	☐	*F. Para expresar acuerdo con lo anterior*
7. de todas formas, de todas maneras	☐	G. Para concluir o cerrar el discurso
8. por lo tanto, por consiguiente	☐	H. Para quitarle importancia a lo anterior, o ignorarlo
9. en resumen, en síntesis, en resumidas cuentas, en suma	☐	I. Para reformular o explicar algo de otra manera
10. finalmente, para terminar, por último, en definitiva, en conclusión	☐	J. Para expresar la consecuencia o el resultado de algo

17. Lee las siguientes frases, identifica el conector en cada una, y explica su función, como en el ejemplo. ¡Ojo!, en una de las frases hay dos conectores.

En la frase	el conector...	se usa...
Ejemplo: *hay un empobrecimiento estructural de los jóvenes latinoamericanos, es decir los jóvenes tienen una enorme dificultad de acceso a condiciones dignas de vida*	**"es decir"**	*para reformular una idea de otra manera.*
A. Argentina ha logrado mantener ciertas garantías de acceso educativo, pero no es capaz de garantizar la inclusión en el mercado laboral ...		
B. La fórmula de la "guerra contra jóvenes" se relaciona, por ejemplo, con las condiciones cada vez más precarias del empleo ...		
C. Vemos también cómo aparecen continuamente notas periodísticas con contenido hipócrita, socialmente hablando, que hablan de "los jóvenes violentos, peligrosos, vinculados a las redes de la mafia", etc., pero el problema es que no se analiza por qué muchos jóvenes latinoamericanos ven en el robo y el crimen la única alternativa de solución ...		
D. La sociedad debería tener mecanismos para exigirle a los medios de comunicación un trabajo más serio, más profundo, más reflexivo, ya que los medios contribuyen a aumentar el problema ...		

Para hablar

18. Busca en diarios, revistas o en Internet textos argumentativos que enfoquen el problema de los jóvenes dentro de la sociedad en tu país y prepara una presentación para comparar:

    A. la posición personal del autor con la postura de Rossana Reguillo y de Fran Araújo en el texto de la unidad anterior

    B. la situación de los jóvenes en Latinoamérica y en tu país según el punto de vista de estos autores y tu opinión personal.

Recuerda que es muy importante:

- justificar tu punto de vista
- acudir a expresiones comparativas tales como. "es más optimista que…"; "está muy preocupado…"; "incluye menos propuestas que…", etc.
- relacionar las partes de tu presentación con los conectores adecuados.

19. Mira la foto e imagina que eres uno de los jóvenes que integran este grupo. Antes de llegar a este resultado has pasado por situaciones muy difíciles desde el punto de vista social. Presenta esas situaciones difíciles, indica cuál es el éxito obtenido y cómo los integrantes del grupo (de diferentes orígenes) influyeron para conseguirlo.

¡Lo conseguimos!

Para escribir

20. A tu ciudad ha llegado un especialista en problemáticas juveniles que tiene una mirada muy positiva sobre la inserción de los jóvenes en el mundo actual. Tú lo entrevistas y publicas el resultado de esa entrevista en la revista de tu escuela.

21. A partir del fragmento siguiente expresa tu opinión personal y justifícala, utilizando uno de los tipos de texto estudiados en clase (150-250 palabras). Compara la situación de los jóvenes en tu país con la situación global a la que hace referencia el artículo.

> *Según un informe actualizado de Naciones Unidas, más de 200 millones de jóvenes en el mundo de entre 15 y 24 años viven en la extrema pobreza. Es responsabilidad de los gobiernos mirar de frente al problema para intentar disminuir su impacto.*

Estilo directo e indirecto

Una entrevista se puede reproducir de dos maneras.

Discurso o estilo directo. El narrador reproduce textualmente las palabras de otra persona: es la manera en la que se encuentra reproducida la entrevista a Rossana Reguillo.

Discurso o estilo indirecto. El narrador relata lo dicho por otra persona sin reproducirlo textualmente, lo que obliga a realizar ciertos cambios en el enunciado original: *Rossana Reguillo dijo que (ella) venía trabajando en el tema de los jóvenes y las culturas juveniles durante más de 20 años.*

22. Transforma la entrevista a Rossana Reguillo o la que tú has imaginado para el ejercicio 20, en una entrevista relatada en el estilo indirecto.

Para aprender más...

¿Lo sabías?

Los jóvenes en América Latina

Se estima que aproximadamente 100 millones de jóvenes de entre 15 y 24 años viven en América Latina. Los jóvenes de Chile son los que permanecen durante más años en el proceso educativo, en comparación con otros jóvenes de la región.

El juego de las entrevistas

23. Vas a entrevistar a algunos jóvenes de origen hispano sobre su experiencia como jóvenes en su país. Primero, habla con tus compañeros para decidir las preguntas de las entrevistas. Después de realizar las entrevistas, vamos a presentarlas en clase, y compartir los resultados de la experiencia con los demás compañeros. En la presentación tendrás que explicar lo siguiente.

A. ¿Quién es la persona entrevistada?

B. ¿Cómo fue la situación al entrevistarla? ¿Es una persona simpática, graciosa, reservada, distante, amigable, etc.?

C. ¿Seguiste el guión previsto, o cambiaste las preguntas iniciales según las respuestas que daba la persona entrevistada?

D. ¿Qué cosas nuevas aprendiste, qué cosas te sorprendieron?

E. ¿En qué se parece y en qué se diferencia la persona entrevistada a tus compañeros de clase?

explotación

avance

ética

sufrimiento

evolución

bienestar

· ciencia ·

industria

futuro

sociedad

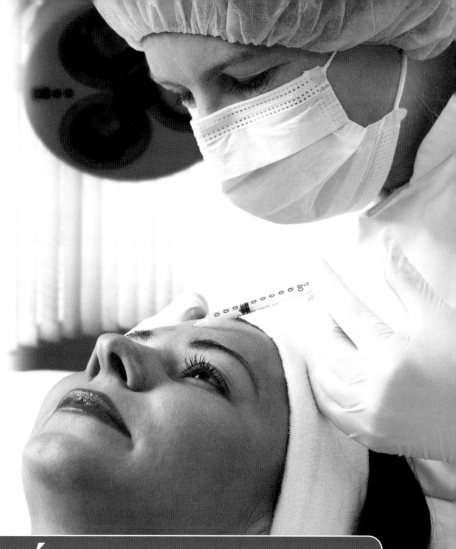

Unidad 14: Ética, ciencia y tecnología

Relaciones sociales – Ciencia y tecnología

Tema troncal	Relaciones sociales
Opción temática	Ciencia y tecnología
Tipo de texto	El editorial periodístico
Contenidos gramaticales	Las oraciones simples y las oraciones complejas (coordinadas)

Para empezar

1. Lee el siguiente comentario y discútelo con tus compañeros:

> *Los avances científicos y tecnológicos han modificado nuestra vida cotidiana. En el campo de la estética y de la cirugía plástica, en los medios de información y comunicación, en la ropa que vestimos, los alimentos que utilizamos, los medios de transporte que usamos, las viviendas donde nos alojamos. Todo contribuye a considerar que el futuro de la humanidad está dando pasos agigantados hacia una sociedad de bienestar. Pero no siempre es tan así…*

2. ¿Qué te sugieren estas imágenes?

A.

B.

Para leer

3. Lee el siguiente texto.

EDITORIAL

Ética, ciencia y tecnología

Entre la segunda mitad del siglo XVIII y el comienzo del siglo XIX se vivió una etapa de cambios sorprendentes: la Revolución Industrial. Durante ese período, se mejoró considerablemente la calidad de vida de muchos habitantes del planeta. Esta época abrió paso a la fabricación de productos en serie; permitió descubrir nuevos horizontes en el campo de las investigaciones científicas y tecnológicas e instaló la idea de las posibilidades ilimitadas de la mente humana. **(1)**

Los avances fueron importantísimos pero el progreso se realizó sobre el trabajo y el sufrimiento de muchos. Los mineros, los obreros, las mujeres y los niños fueron explotados, trabajaron jornadas muy extensas y apenas recibieron unas monedas de salario para alimentarse. **(2)**

Los tiempos han cambiado y la humanidad ha evolucionado hacia una sociedad de consumo. Los beneficiarios del desarrollo científico y tecnológico son cada vez más numerosos pero la cantidad de trabajadores, muchas veces esclavos, de países pobres que fabrican esos productos no ha disminuido. **(3)**

Cada etapa en el desarrollo de la humanidad ha tenido sus ventajas y desventajas. En nuestro siglo XXI, se da la contradicción de que muchas veces aquellos que se benefician con los descubrimientos científicos y las nuevas tecnologías terminan siendo también víctimas de estos avances. **(4)**

Por ejemplo, el desarrollo de Internet ha permitido comunicarse a hombres y mujeres de diferentes países y los niños de escuelas rurales han podido conocer animales, ciudades y plantas de geografías lejanas y muy diferentes a la suya. Pero algunas personas se han transformado en adictos al uso de Internet y sus conductas y hábitos han cambiado, alejándolos del contacto con sus compañeros, amigos y familiares. **(5)**

La medicina estética ha avanzado enormemente y ha generado un culto al cuerpo donde la belleza y la búsqueda de la eterna juventud se han convertido en el único objetivo de muchos hombres y mujeres. **(6)**

El desarrollo científico y tecnológico no es completamente maravilloso ni sus resultados son totalmente negativos. Todo depende del uso que se haga de esos descubrimientos. Su empleo debe ser apropiado o su utilización resulta incorrecta. **(7)**

La humanidad debe realizar un debate fundamental sobre el uso de la ciencia y la tecnología, debe establecer reglas que favorezcan la igualdad de oportunidades de acceso a los beneficios de los descubrimientos pero también debe evitar que estos avances alejen al hombre de su propia naturaleza. **(8)**

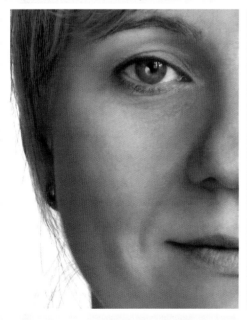

Para comprender el texto

4. Vuelve a leer los párrafos 1 y 2 e identifica entre las frases a continuación las dos afirmaciones que son correctas según la información del texto.

   A. La Revolución Industrial fue una época de grandes retrocesos.

   B. La Revolución Industrial duró más de un siglo y medio.

   C. Durante la Revolución Industrial se empezaron a fabricar productos en serie.

   D. Todos los habitantes del planeta se vieron beneficiados en su calidad de vida.

   E. En esta época existía la creencia de que la creatividad y el pensamiento humanos tenían límites.

   F. El progreso se basó exclusivamente en la explotación de los más pobres.

   G. Los obreros recibían un salario que les permitía sólo alimentarse.

   H. Los niños no podían trabajar y debían ir a la escuela.

Basándose en los párrafos 3 y 4, completa las frases siguientes eligiendo la opción correcta:

5. El desarrollo científico y tecnológico en el siglo XXI ha permitido que dentro de la población mundial haya…

   A. igual cantidad de beneficiados que de explotados. ☐

   B. mayor número de explotados y una disminución de beneficiados.

   C. un porcentaje mayor de beneficiados y una disminución de explotados.

   D. una cantidad en aumento de beneficiados pero siempre el mismo número de explotados.

6. En numerosas ocasiones, los descubrimientos científicos y las nuevas tecnologías causan que haya…

   A. víctimas entre los explotados. ☐

   B. víctimas entre los beneficiados.

   C. más víctimas que beneficiados.

   D. igual cantidad de explotados que de beneficiados.

7. De acuerdo con el contenido de este editorial las frases siguientes son todas verdaderas. Selecciona las tres frases más apropiadas para resumir las ideas principales del texto.

   A. Un empleo descontrolado de los avances científicos y tecnológicos puede provocar adicciones. ☐

   B. La sociedad actual está basada en una economía de consumo. ☐

   C. El hombre debe analizar críticamente los avances científicos y tecnológicos sin olvidar su propia escala de valores. ☐

   D. La búsqueda de la belleza y de la juventud son objetivos actuales de la humanidad.

   E. La ciencia y la tecnología no son en sí mismas ni buenas ni malas.

   F. Los avances científicos y tecnológicos demuestran las posibilidades ilimitadas de la mente humana.

   G. Los obreros, mujeres y niños fueron explotados durante la Revolución Industrial.

   H. La humanidad en su conjunto debe poder acceder a los avances científicos y tecnológicos.

   I. Los trabajadores de los países pobres no se benefician con los productos que fabrican.

El juego de las palabras

8. En los párrafos 5 y 6 del texto, busca la palabra cuya definición se da a continuación.

   A. persona que sufre de una adicción o dependencia.

   B. honor que se hace religiosamente a lo que se considera divino o sagrado.

9. Sin volver a consultar el texto original, rellena los espacios que faltan en el texto a continuación, usando las palabras de la caja. ¡Atención! Hay más palabras que espacios.

> **a los ✳ ni ✳ entre ✳ sin ✳ de sobre ✳ pero ✳ desde ✳ no al ✳ durante ✳ hacia**

El desarrollo científico y tecnológico **[A]**........... es completamente maravilloso **[B]**.............. sus resultados son totalmente negativos. Todo depende del uso que se haga de esos descubrimientos. Su empleo debe ser apropiado o su utilización resulta incorrecta.

La humanidad debe realizar un debate fundamental **[C]**........... el uso de la ciencia y la tecnología, debe establecer reglas que favorezcan la igualdad de oportunidades de acceso a los beneficios de los descubrimientos **[D]**........... también debe evitar que estos avances alejen **[E]**........... hombre de su propia naturaleza.

Para usar correctamente la lengua

Analiza

Las oraciones simples son oraciones que tienen un solo verbo en forma personal (conjugado). Están formadas por un sujeto y un predicado. Por ejemplo:

> *Los grandes diarios tienen también una edición digital.*

Las oraciones complejas son oraciones que tienen más de un verbo conjugado. Por ejemplo:

> *Los grandes diarios tienen también una edición digital, pero estas suelen ser gratuitas.*

10. Responde a las siguientes preguntas, basándote en el primer párrafo del texto:

    A. ¿Cuáles de las tres oraciones del párrafo son oraciones simples y cuál es la compleja?

    B. ¿Por qué puedes decir que estas dos oraciones son simples?

    C. La oración compleja de este párrafo está formada por tres oraciones simples coordinadas. ¿Cuáles son? Como podrás observar, las tres comparten el mismo sujeto.

    D. ¿A través de qué elementos están coordinadas entre sí las oraciones simples que aparecen dentro de la oración compleja?

    E. ¿Puedes decir por qué el autor del editorial utiliza la coordinación "e" en lugar de usar "y" al final de la oración compleja?

11. En las siguientes oraciones complejas del texto que aparecen a continuación, ¿cuáles son las oraciones simples que las componen y cuál es el elemento coordinante?

Ejemplo: [Los avances fueron importantísimos] **pero** *[el progreso se realizó sobre el trabajo y el sufrimiento de muchos].*

A. Los mineros, los obreros, las mujeres y los niños fueron explotados, trabajaron jornadas muy extensas y apenas recibieron unas monedas de salario para alimentarse.

B. Los tiempos han cambiado y la humanidad ha evolucionado hacia una sociedad de consumo.

C. Su empleo debe ser apropiado o su utilización resulta incorrecta.

Para escribir

12. Elige una de las siguientes opciones y escribe un texto de 250 palabras:

A. Estás firmemente convencido/a de que el avance científico y tecnológico sólo puede ser beneficioso para la humanidad. Escribe una carta al periódico donde apareció el editorial explicando que no compartes la idea de que existan condicionamientos morales que regulen dicho avance. No olvides utilizar algunas oraciones complejas (coordinadas).

B. Compartes la opinión del editorial. Escribe un correo electrónico al periódico apoyando una utilización moral de la ciencia y de la tecnología. Emplea nuevos argumentos y ejemplos. No olvides utilizar algunas oraciones complejas (coordinadas).

Para aprender más…

¿Lo sabías?

Según el informe de la Sociedad Internacional de Cirugía Plástica Estética, que reúne a unos mil cirujanos de más de 60 países, la lista de los países que más recurren a las cirugías plásticas son:

- 1° Estados Unidos
- 2° México
- 3° Brasil
- 4° Canadá
- 5° Argentina

Sobre un 100% de mujeres que recurren a la cirugía plástica, hay un 25% de hombres y el número de consultas masculinas va en crecimiento.

Las cirugías preferidas en:

- España: Implante de mamas.
- Argentina: Lifting facial.
- Ecuador: Cirugía de nariz.
- México: Inyecciones de Botox.
- República Dominicana: Reducción de mamas.

 © Advance Materials 2011

Dramatiza con tus compañeros

13. Vas a participar en un programa de debate en la televisión. En grupos, cada uno elige un personaje, y participa en el debate representando la postura que se indica.

Tema: ¿Cómo imaginas el mundo dentro de 50 años?

Personajes:

- **El moderador del debate:** trata de equilibrar las opiniones y sacar conclusiones.

- **Un empresario:** sólo piensa en ganar dinero.

- **Un maestro de escuela primaria:** de carácter dulce y optimista, piensa que todo el mundo es bueno.

- **Una investigadora de una universidad tecnológica:** persona seria y responsable, es muy consciente de la relación entre la ciencia y las cuestiones éticas.

- **Un político ambicioso:** lo que más le importa es que la gente le vote.

- **Un trabajador con pocos estudios:** le preocupa el futuro de sus hijos.

- **Un ama de casa consumista:** quiere que sus hijos vivan tan bien como ella.

comunidad

participar

enlace

red

blog

página

sociedad

15: Te leo un cuento

Comunicación y medios – Ciencia y tecnología

Tema troncal:	Comunicación y medios
Opción temática:	Ciencia y tecnología
Tipo de texto:	El blog
Contenidos gramaticales:	Las oraciones complejas (subordinadas)

Para empezar

Comenta con tus compañeros:

1. ¿Qué nuevas formas de comunicación escrita y oral han aparecido en los últimos diez años?

2. ¿Participas en alguna red social o comunidad virtual en Internet?

3. ¿Tienes alguna página personal o un blog en la Red?

4. Ahora que has entrado en el tema, observa la siguiente imagen de la página presentación del blog que vamos a trabajar en esta unidad. Presta atención al colorido, la disposición, las distintas secciones que la conforman.

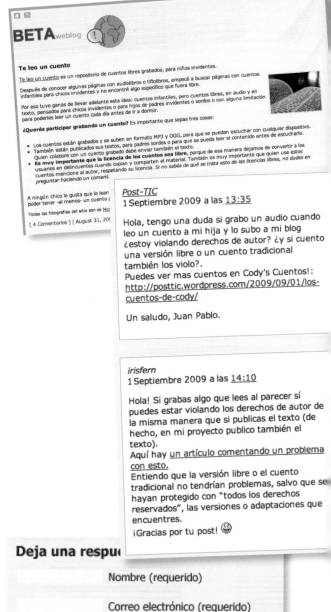

Para leer

5. Lee el siguiente texto, que es la presentación de un blog.

Te leo un cuento

① Te leo un cuento es un repositorio[1] de cuentos libres grabados, para niños invidentes.

② Después de conocer algunas páginas con audiolibros[2] o tiflolibros[3], empecé a buscar páginas con cuentos infantiles para chicos invidentes y no encontré nada específico que fuera libre.

③ Por eso tuve ganas de llevar adelante esta idea: cuentos infantiles, pero cuentos libres, en audio y en texto, pensados para chicos invidentes o para hijos de padres invidentes o sordos o con alguna limitación, para poderles leer un cuento cada día antes de ir a dormir.

④ **¿Querés participar grabando un cuento?** Es importante que sepas tres cosas:

⑤ • Los cuentos están grabados y se suben en formato MP3 y OGG, para que se puedan escuchar con cualquier dispositivo.

⑥ • También están publicados sus textos, para padres sordos o para que se pueda leer el contenido antes de escucharlo. Quien colabore con un cuento grabado debe enviar también el texto.

⑦ • **Es muy importante que la licencia de los cuentos sea libre,** porque de esa manera dejamos de convertir a los usuarios en delincuentes cuando copian y comparten el material. También es muy importante que quien use estos cuentos mencione al autor, respetando su licencia. Si no sabés de qué se trata esto de las licencias libres, no dudes en preguntar haciendo un comentario en mi correo.

⑧ A ningún chico le gusta que le lean muchas veces el mismo cuento, salvo que sea un cuento que él haya elegido. Por eso, mi sueño es poder tener —al menos— un cuento para cada día del año. ¿Nos ayudás?

(http://irisfernandez.com.ar)

---

[1] **repositorio**   lugar donde se guarda una cosa

[2] **audiolibros**   libros grabados, para escuchar

[3] **tiflolibros**   libros electrónicos para ciegos

Para comprender el texto: El juego de las palabras

6. Vuelve a leer los dos primeros párrafos del texto, y busca la palabra o la expresión de la columna de la derecha cuyo significado es equivalente al de la palabra de la izquierda.

1. repositorio	☐	**A.** con anteojos
2. grabados	☐	**B.** pintados
3. infantiles	☐	**C.** archivo
4. chicos	☐	**D.** para escuchar
5. invidentes	☐	**E.** para padres
		F. adultos
		G. ciegos
		H. tienda
		I. muchachos
		J. para niños

Piensa

7. Responde a las siguientes preguntas.

   En el tercer párrafo, la autora del blog menciona tres razones por las que algunos padres pueden tener dificultades para leer cuentos a sus hijos. ¿Cuáles son esas dificultades?

8. En los párrafos 4 al 7 la autora explica lo que hay que hacer para grabar un cuento. Termina las siguientes frases según lo que dice ella.

   A. Para poder escucharlos en cualquier dispositivo, los cuentos…

   B. Si tienes en cuenta que algunos padres pueden ser sordos, es necesario que además de la grabación incluyas también…

   C. Para que los que copian y comparten los cuentos no cometan un delito, la licencia…

9. Según la autora, ¿a los niños les gusta que se les lea muchas veces el mismo cuento?

Prohibido fotocopiar

Para leer

10. Ahora vas a leer cómo se presenta la autora a sí misma en su blog.

Sobre mí:

Me llamo Iris Fernández y soy licenciada en Educación. Trabajo desde el año 2004 para <u>Vimartic</u>, formando docentes a distancia y creando material multimedia para proyectos que se vinculan con la educación.

Este weblog intenta ser un conjunto de reflexiones sobre informática educativa, sobre educación, sobre tecnología en general, sobre la realidad de mi país o sobre algún otro tema que me inspire.[<u>leer más sobre mis proyectos</u>]

Busco difundir la <u>accesibilidad de la web</u> y el <u>software libre</u> a través de mi <u>weblog</u>.

Puedes contactarte conmigo si me escribes a <u>correo@irisfernandez.com.ar</u>

Para comprender el texto

11. Basándote en la presentación de Iris, completa el cuadro siguiente, como en el ejemplo.

En las expresiones ...	la palabra ...	se refiere a ...
Ejemplo: <u>que</u> se vinculan con la educación.	**"que"**	*proyectos*
A. ... <u>que</u> me inspire.	"que"	....
B. Puedes contactar<u>te</u> conmigo ...	"te"	....
C. ... si <u>me</u> escribes a...	"me"	....

12. ¿Cuáles son los objetivos fundamentales del trabajo de Iris?

Para leer

13. Ahora vas a leer la sección de comentarios del blog.

[4 Comentarios] [Agosto 31, 20__] [Educación]

---

4. 1 Septiembre 20__ a las 13:35

Hola, tengo una duda: ¿la grabación de un audio cuando leo un cuento a mi hija y cuando lo subo a mi blog viola los derechos de autor? ¿La versión libre de un cuento o un cuento tradicional también los viola? Puedes ver más cuentos en Los Cuentos de Cody:

http://posttic.wordpress.com/2009/09/01/los-cuentos-de-cody/

Un saludo, Juan Pablo

---

3. irisfern

1 Septiembre 20__ a las 14:10

¡Hola! Puedes estar violando los derechos de autor cuando grabas algo que lees, de la misma manera que cuando se publica un texto (de hecho, en mi proyecto también publico el texto).

Aquí hay un artículo comentando un problema con esto.

Entiendo que la versión libre o el cuento tradicional no tendrían problemas, salvo que se hayan protegido con "todos los derechos reservados" las versiones o adaptaciones que encuentres.

¡Gracias por tu correo!

---

2. Diana Laura

14 Septiembre 20__ a las 03:14

Hola Iris:

Hace rato que tengo la promesa de grabar la narración de cuentos, pero lo he intentado con Audacity. Me encontré con el inconveniente de que sus archivos no son MP3.

Un amigo me aconsejó que produzca una grabación con Podproducer. Lo instalé en mi computadora, leí el Manual de uso, pero ¡no pude hacer nada!

¿Conocés algo fácil que sea para principiantes?

Gracias

---

1. irisfern

14 Septiembre 20__ a las 08:46

¡Hola Diana! Mil gracias por tu visita y todos tus comentarios ☺

Audacity graba en MP3: simplemente bajá de la misma página de Audacity, el archivo lame_enc. dll que te pide cuando lo exportás (desde el menú archivo).

¡Saludos!

Iris

Para comprender el texto

14. Responde a las siguientes preguntas según la información del texto.

   A. ¿Cuál es el tema que le preocupa a Juan Pablo?

   B. ¿Con qué problema se encontró Diana Laura cuando quiso grabar los cuentos?

Piensa

15. ¿Por qué crees que Iris utiliza emoticones en su respuesta?

Para usar correctamente la lengua

Analiza

Las oraciones subordinadas son un tipo de oraciones complejas. Hay oraciones subordinadas sustantivas, adjetivas y adverbiales.

Subordinadas sustantivas:	La profesora les pidió **que guardaran silencio**.	= La profesora les pidió **silencio**.
Subordinadas adjetivas:	Nos gustan los alumnos **que participan en clase**.	= Nos gustan los alumnos **participativos**.
Subordinadas adverbiales:	Los alumnos se ubicaron **donde la profesora había previsto**.	= Los alumnos se ubicaron **allí**.

Otros tipos de oraciones subordinadas son las causales, las concesivas, y las condicionales.

16. Indica en cada frase de la izquierda de qué tipo de subordinación se trata.

1. Los alumnos aprobaron la materia **porque estudiaron mucho.** ☐   **A.** Condicional: con esta condición

2. La profesora me dio una buena nota **aunque hice tres faltas de ortografía.** ☐   **B.** Causal: por esa causa

3. La profesora te aprobará **si presentas todos los trabajos** ☐   **C.** Concesiva: a pesar de eso

17. En las frases siguientes:

- identifica las oraciones subordinadas

- señala el comienzo y el final de cada oración subordinada

- indica de qué tipo es cada una (sustantiva, adjetiva, adverbial, concesiva, causal o condicional).

A. Te leo un cuento es un repositorio de cuentos libres grabados, para niños que no pueden ver.

B. Quien colabore con un cuento grabado debe enviar también el texto.

C. Trabajo desde el año 2004 en Vimartic formando docentes a distancia y creando material multimedia para proyectos que se vinculan con la educación.

D. Busco que se difunda la accesibilidad de la web y el software libre a través de mi weblog.

E. Puede contactarse conmigo si me escribe a correo@irisfernandez.com.ar

F. Hola, tengo una duda: ¿la grabación de un audio cuando leo un cuento a mi hija y cuando lo subo a mi blog viola los derechos de autor?

G. Me encontré con el inconveniente de que sus archivos no son MP3. Un amigo me aconsejó que produzca una grabación con Podproducer. ¿Conocés algo fácil que sea para principiantes?

Para escribir

El blog de Iris es, sin duda, una excelente manera de poner en contacto a personas interesadas en llevar adelante un proyecto conjunto que tiene un importante objetivo social.

18. Seguro que tú también tienes ideas e intereses que te gustaría poder llevar a cabo. Escribe un blog que contenga la presentación de tu proyecto y tu presentación personal. El texto del blog debe tener entre 250 y 400 palabras. No olvides incluir en la redacción algunas oraciones subordinadas.

¡Grabemos un cuento!

19. Te proponemos una tarea real para colaborar con el proyecto de Iris: ¡graba un cuento para su colección! Para ello, sigue los siguientes pasos:

- Busca un cuento infantil en lengua española. Tiene que ser un cuento tradicional, o un cuento libre, para no violar los derechos de autor.

- Lee los cuentos que han encontrado tus compañeros, para elegir juntos los cuentos más apropiados para la colección de Iris.

20. Ahora hay que grabar los cuentos. Los pueden leer algunos de los alumnos, el profesor, o alguna persona hispanohablante. Es necesario grabar los cuentos en el formato correcto y editar las grabaciones. Además, también hace falta proporcionar la versión escrita de los cuentos.

21. A la hora de mandar cada cuento, también habrá que escribir un correo electrónico en español a Iris, explicándole por qué la clase ha decidido enviarle este cuento. ¡Quizás Iris dará su opinión sobre el trabajo realizado! ¡Buena suerte!

interculturalidad

valorar

raíces

beneficiar

patrimonio

sociedad

integrar

cultura

discriminación

indígena

realidad

identidad

comunidad

Prohibido fotocopiar

Unidad 16: Valorar las propias raíces

Cuestiones globales – Diversidad cultural

Tema troncal	Cuestiones globales
Opción temática	Diversidad cultural
Tipo de texto	El artículo periodístico (reportaje de interés humano)
Evaluación de competencias	Práctica de examen

Para empezar

1. ¿Qué sabes de los pueblos indígenas de América Latina? Busca información en internet, para luego compartir lo que has aprendido con tus compañeros. Busca en especial información sobre el pueblo mapuche.

2. Expón ante tus compañeros la información que has recogido y escucha la de ellos. ¿Crees que los pueblos indígenas, y en especial los mapuches, sufren algún tipo de discriminación?

Para leer

3. Lee el siguiente texto.

Valorar las propias raíces ayuda a surgir

Este colegio dirigido a jóvenes mapuches intenta con éxito que sus alumnos se integren a la sociedad sin sacrificar su identidad cultural en el camino.

1 El aniversario del Liceo Particular Guacolda se festejó dos veces: el martes, sus profesores y alumnos agradecían a Dios en una misa, y el miércoles, los mismos profesores y alumnos hacían una fiesta mapuche para honrar a **Ngünechen**, su máximo dios.

2 Una dualidad que refleja el encuentro cultural que intenta lograr este colegio de Cholchol, Chile, que atiende a 390 alumnos, 87% de los cuales es mapuche.

3 "Vimos que el currículum nacional no respondía a las necesidades específicas de estos jóvenes, a su 'realidad doble', así es que decidimos apostar por la interculturalidad", explica Ariel Burgos, presidente de la Fundación Instituto Indígena, que sostiene el colegio.

4 El fruto de ello es este liceo, un establecimiento gratuito, de carácter técnico-profesional, donde la lengua mapuche (el mapudungún) es una asignatura obligatoria, un lugar en el que se trasnocha esperando el Año Nuevo mapuche en junio y que cuenta con profesores que son jefes mapuches.

5 Se trata de un proyecto que ha tardado 23 años en consolidarse. "En un escenario de alta discriminación, el colegio le hace sentir al adolescente que su patrimonio cultural es un plus para su valor como profesional, lo que fortalece su autoestima", explica el director, Hernán Gutiérrez.

Del aula al trabajo

6 Cuando el colegio partió, "teníamos mucho entusiasmo, pero pocos conocimientos de qué hacer", cuenta Burgos. Por eso, las primeras especialidades que se ofrecieron —vestuario y artesanía— tenían un marcado espíritu conservacionista. Una visión que ha cambiado con el tiempo.

7 Gracias a una serie de estudios y talleres, en los '90 la fundación notó que los mapuches tenían problemas para ser admitidos en los servicios públicos y en los de salud. De ahí surgió la idea de que el colegio podía formar profesionales que facilitaran el acceso a estas áreas.

8 Por eso nacieron las actuales especialidades "interculturales". La idea en cada una de ellas es integrar los conocimientos del mundo convencional con los del universo mapuche, de modo que los alumnos puedan moverse entre ambos mundos sin problemas y también lograr algunas "fusiones".

9 Esto ha beneficiado incluso a ese 13% de estudiantes que no son indígenas, como Leonor Ruiz, quien egresó de salud intercultural. Llegó al colegio, desde el campo, por la especialidad y no le interesaba mucho el tema intercultural. Hoy, sin embargo, agradece la formación que recibió, pues ha sido vital para acoger adecuadamente a los muchos pacientes mapuches que llegan al pabellón ambulatorio del Hospital Regional de Temuco, donde trabaja.

10 Historias como la suya son las que motivan a los jóvenes a salir de sus comunidades, en el campo, y llegar al internado del liceo. Es lo que hizo Doris Painefil, quien llegó desde el lejano Puerto Domínguez a Cholchol para estudiar gastronomía. Salió hace tres años y desde entonces trabaja en la pastelería de uno de los supermercados de la cadena local Muñoz Hnos.: "Lo que aprendí en el colegio me ha servido harto en la cocina y en la relación con los demás".

11 Su jefe, Leopoldo Contreras, destaca que los alumnos llegan bien preparados y se afianzan en sus conocimientos con facilidad: "No por nada, cuatro de nuestros ocho pasteleros locales son ex alumnos del Guacolda". De hecho, el colegio estima la inserción laboral de sus alumnos de salud y gastronomía en un 70%. Un logro, considerando que el 91,6% de sus estudiantes es socialmente vulnerable.

Autor: Manuel Fernández Bolvarán

(Fuente e imágenes: http://diario.elmercurio.cl; www.educarchile.cl)

Para comprender el texto

Presta atención: Esta unidad está diseñada como práctica general de examen para que te vayas habituando al formato y al tiempo que tienes para llevar a cabo las tareas.

Responde a las siguientes consignas:

4. Lee detenidamente el título y la introducción del texto anterior y elige la opción correcta.

El texto es:

A. un folleto de presentación del Liceo Particular Guacolda. ☐

B. una entrevista a los estudiantes del Liceo.

C. un artículo sobre una experiencia escolar intercultural.

D. un relato basado en una leyenda mapuche.

5. ¿Cuáles son las palabras o expresiones del título y de la introducción equivalentes a:

A. estimar los orígenes ....
....

B. formar parte activa ....
....

6. Según lo que dicen el título y la introducción, ¿cuál es el propósito fundamental de este texto?

A. explicar el concepto de interculturalidad. ☐

B. presentar la experiencia que se lleva a cabo en el Liceo Guacolda.

C. promover los trabajos tradicionales de las comunidades indígenas.

D. quejarse por la discriminación que sufren las comunidades indígenas.

7. Basándote en el párrafo 1, contesta las siguientes preguntas con palabras tomadas del texto:

A. ¿En qué consistió la fiesta cristiana que hicieron en el Liceo Guacolda?

....
....

B. ¿A quién homenajearon en la fiesta mapuche?

....
....

8. Busca en los párrafos 2 y 3 del texto, las palabras o expresiones que significan:

Ejemplo:

dualidad   **realidad doble**

A. encuentro cultural   ....

B. liceo   ....

9. Indica si las siguientes frases referidas a los párrafos 4 y 5 son verdaderas (**V**) o falsas (**F**), y escribe las palabras del texto que justifican tu respuesta, como en el ejemplo.

	V	F
Ejemplo: Los alumnos concurren al Liceo sin pagar.	☑	☐

Justificación: *establecimiento gratuito*

A. Todos los alumnos aprenden mapuche. ☐ ☐

Justificación: ....
....

B. El Año Nuevo mapuche coincide con el Año Nuevo cristiano. ☐ ☐

Justificación: ....
....

C. El proyecto se afianzó rápidamente. ☐ ☐

Justificación: ....
....

D. Para el Liceo la raíz indígena agrega una cualidad positiva al nivel profesional. ☐ ☐

Justificación: ....
....

Basándote en el párrafo 6 del texto, elige la opción correcta.

10. Cuando la experiencia del Liceo Guacolda se inició:

A. Todos sabían muy bien cómo enfocar la tarea. ☐
B. Todos tenían dudas acerca de cómo enfocar la tarea.
C. Todos habían perdido el entusiasmo.
D. Todos debieron adquirir nuevos conocimientos.

11. Las disciplinas que se enseñaron:

A. Fueron muy tradicionales al principio. ☐
B. Siempre han sido muy tradicionales.
C. Fueron muy renovadoras desde el comienzo.
D. Fueron levemente renovadoras en el comienzo.

12. Basándote en los párrafos 7 y 8, completa el cuadro siguiente, como en el ejemplo.

En las expresiones …	las palabras …	se refieren a …
Ejemplo: facilitaran el acceso a <u>estas áreas</u>	"estas áreas"	*los servicios públicos y los de salud*
A. La idea en cada una de <u>ellas</u>	"ellas"	....
B. puedan moverse entre <u>ambos mundos</u>	"ambos mundos"	....

13. Además del ejemplo, sólo tres de las siguientes frases referidas al texto son correctas, según la información dada en los párrafos 9 y 10 del texto. Escribe las letras correspondientes a las frases correctas, en cualquier orden, en las casillas de la derecha, como en el ejemplo.

A. *En la experiencia participa un grupo minoritario de estudiantes no indígenas.* `A`

B. Leonor estaba más interesada en el tema sanitario que en la cuestión multicultural. ☐

C. Leonor puede desempeñarse profesionalmente sin tener en cuenta la cuestión multicultural. ☐

D. Doris pasó mucho tiempo sin trabajo desde que egresó del Liceo. ☐

E. La especialidad de Doris le permite tener buenas posibilidades para el intercambio social.

F. Leonor y Doris llegaron al Liceo desde comunidades campesinas.

G. Leonor y Doris comparten la misma especialidad.

14. Basándote en el párrafo 11, completa las siguientes frases, como en el ejemplo:

Ejemplo:

El buen nivel que estos estudiantes alcanzan en gastronomía se observa en el hecho de que *cuatro de nuestros ocho pasteleros locales son ex alumnos del Guacolda.*

A. Las especialidades en las que los alumnos del Guacolda consiguen mejores posibilidades de trabajo son

....
....

B. Para el Guacolda es importante que sus alumnos consigan trabajo fácilmente porque en su gran mayoría se trata de un grupo

....
....

Para escribir

15. Elige uno de los temas siguientes. Escribe entre 250- 400 palabras.

A. Uno de los chicos del Liceo Guacolda escribe su diario el día del aniversario del colegio. Redacta esa página del **diario**.

B. Un chico del Liceo Guacolda escribe una carta a una empresa solicitando trabajo y explicando por qué para la empresa su formación intercultural es extremadamente útil. Redacta el texto de esa **carta**.

C. En los últimos años se han incorporado a tu colegio jóvenes que pertenecen a diferentes comunidades. Se ha puesto en práctica entonces una experiencia de interculturalidad muy interesante basada en la forma en que cada comunidad disfruta sus momentos de ocio: juegos, hobbies, deportes. Escribe un **artículo** para el periódico local en el que analizas esa experiencia.

D. Tú te sientes muy comprometido con la ayuda a una comunidad indígena. Además de las condiciones de pobreza y discriminación, te preocupan las malas condiciones de salud en que se encuentran. Por ello, decides abrir un **blog** donde explicas la situación de este pueblo y propones una campaña de ayuda para mejorar la salud de esta población.

E. Las tecnologías de la información y de la comunicación han tenido un enorme impacto en toda la sociedad. Escribe el texto de una **entrevista** que realizaste a un maestro de una escuela rural mapuche donde explicas cómo la instalación de una computadora personal le cambió la vida a él y a la comunidad donde vive y trabaja.

16. En 150–250 palabras, escribe una respuesta personal a las declaraciones de un político de una pequeña ciudad argentina que dijo: *"A los ladrones y a los jóvenes que se drogan hay que molerlos a palos para que no vuelvan a robar".*

Para hablar

Presenta y debate con tus compañeros

17. "El tema de la identidad en el mundo moderno abre una doble perspectiva: Identidad global o identidad cultural con rasgos distintivos". ¿Con cuál de estos enfoques estás de acuerdo?

Para terminar

Dramatiza con tus compañeros

18. En tu escuela han organizado diversas actividades para celebrar "el Día de los Idiomas" con el objetivo de destacar la importancia de la comunicación entre los pueblos. Tu clase participa con la siguiente representación:

Tema: Comunicarse exige hacer el esfuerzo para escucharse y entenderse

Lugar: Una pastelería

Personajes y situaciones:

   A. El pastelero, un extranjero que ha estudiado gastronomía en su país y que no habla bien español.

   B. La dueña de la pastelería.

   C. Un cliente que no entiende el español ni la lengua del pastelero y quiere comprar pasteles en la pastelería.

   D. Un niño pequeño (hijo del cliente extranjero), un poco travieso, que habla español bastante bien y habla también la lengua de sus padres.

   E. Una anciana con mal genio que quiere comprar pasteles.

"...sus ojos me buscaron entre el tumulto para guiñarme. Fue la primera vez que le devolví la mirada, pero algo avergonzada, aunque por dentro sentía una enorme alegría, como quien encuentra el amor de su vida mientras menos se lo espera."

Víctor Montoya,
Amor en La Higuera

Unidad 17: Amor en La Higuera

Literatura – El amor

Tema troncal	Literatura
Opción temática	El amor
Tipo de texto	La crítica/reseña literaria
Recursos literarios	La metáfora El símil o comparación
Contenidos gramaticales	El uso de los verbos en la narración: • pretérito imperfecto de indicativo (verbos regulares e irregulares) • pretérito perfecto simple

Para empezar

En la Unidad 6 ya has conocido a la figura de Ernesto Guevara, el Che. En esta unidad vamos a leer un relato sobre los últimos momentos de su vida, *Amor en La Higuera*.

1. Para empezar, busca información sobre los últimos días de la vida del Che en internet. También puedes ver las dos partes de la película *Che: El argentino* (parte 1) y *Che: Guerrilla* (parte 2), dirigida por Steven Soderbergh (2008). Trata sobre la figura de Ernesto Guevara fundamentalmente durante su larga etapa como revolucionario, hasta su muerte en Bolivia.

2. Junto a tus compañeros, contesta las siguientes preguntas.

   A. ¿Qué es La Higuera? ¿Dónde se encuentra?

   B. ¿Por qué el Che llegó hasta allí?

   C. ¿En qué condiciones físicas estaba el Che a su llegada?

   D. ¿Qué se decía del Che y de sus compañeros de guerrilla en Bolivia? ¿Eran queridos o temidos?

   E. ¿Cómo murió el Che?

3. El título del relato que vamos a leer es *Amor en La Higuera*.

   A. ¿Podrías definir la palabra "amor"?

   B. ¿Sabes lo que significa la palabra "un flechazo" en el contexto del amor?

   C. ¿Sabes quién era el dios romano del amor? Busca información sobre él o pregunta a tu profesor.

   D. Describe la imagen con la que se suele representar ese dios: ¿Qué significado tienen las partes de dicha imagen? ¿Crees que responde a la realidad del sentimiento amoroso?

Para leer

4. Lee el siguiente texto.

Amor en La Higuera

Cuando el Che llegó a La Higuera, amarrado a un helicóptero militar, tenía la pierna herida por una bala y un aspecto de guerrillero inmortal.

A la mañana siguiente, cuando fui a cumplir con mi deber de profesora, me enfrenté a una realidad que no me dejaría ya vivir en paz. El Che estaba sentado en una banca, dentro de la escuelita, y, al verme, me bromeó:

¿Qué hace una jovencita tan bonita en este pueblo?

No le contesté. Estaba cohibida y no tenía experiencia de tratar con gente desconocida.

Apenas lo sacaron para tomar fotos, sus ojos me buscaron entre el tumulto para guiñarme. Fue la primera vez que le devolví la mirada, pero algo avergonzada, aunque por dentro sentía una enorme alegría, como quien encuentra el amor de su vida mientras menos se lo espera.

Escuela de La Higuera, donde estuvo prisionero y fue asesinado el Che Guevara.

En el pueblo reinaba un clima tenso y la gente hablaba del mensaje del Presidente, quien dijo por la radio que los barbudos eran invasores extranjeros, que se llevarían a punta de cañón a los más jóvenes, que violarían a las mujeres y que nos matarían a todos. No sabía si creer en las palabras del Presidente. Estaba enamorada y el corazón empezó a latirme con más fuerza. Nunca vi a un hombre tan hermoso. Parecía uno de esos personajes que se niegan a afeitarse y cortarse el pelo para parecerse a los héroes de las películas. Así como estaba, con sus ropas rotosas y polvorientas, tenía la apariencia de Cristo, la sonrisa dulce y la mirada tierna.

Esa noche no dormí tranquila. Escuché las voces de los soldados y oficiales, quienes parecían festejar su triunfo entre gritos y bebidas. Después, entrada ya la noche, escuché unos disparos que hicieron estremecerme en la cama.

Al día siguiente de su asesinato, ya en Vallegrande, lo vi tendido en el banco de cemento del lavadero; tenía en los ojos la misma luz que me penetró como un dardo en el pecho. Me puse triste y lloré por dentro, pues no quería que los militares se dieran cuenta de mis sentimientos. 25

Al abandonar el lavadero, abriéndome paso entre el grupo de soldados, fotógrafos y curiosos, un intenso amor empezó a crecer dentro de mí, mientras una voz misteriosa me gritaba desde el fondo del alma: *"Ése era el hombre que, como ramilletes de flores, entregó su amor y sus ideales a los enamorados de la libertad".* 30

Desde entonces han pasado muchos años y todavía escucho esa voz, que seguro era la voz del Che, quien en la palabra y la historia se convirtió en poesía rebelde. 35

Otra hubiera sido mi vida si no lo hubieran matado ese día. Hasta ahora escucho esos disparos zumbándome en la cabeza y hay noches que no me dejan dormir... Cómo quisiera encontrarlo otra vez, para entregarle mi amor sin pedirle nada a cambio, ahora y en la hora de mi muerte.

(Víctor Montoya: "Amor en La Higuera", *Clarín*, 6 de octubre de 2005)

Para comprender el texto

Monumento al Ché, La Higuera.

5. Contesta las siguientes preguntas con palabras del texto (líneas 1 a 7).

    A. ¿Qué palabra del texto indica que el Che estaba atado?

    B. ¿Qué le había pasado en la pierna?

    C. Busca la **metáfora** relacionada con la apariencia del Che.

    D. ¿Quién narra el relato?

    E. ¿Cuáles son las palabras que expresan la futura existencia intranquila de la protagonista?

6. Basándote en las líneas 8 a 15 completa el cuadro siguiente indicando a quién se refieren las palabras (pronombres) subrayadas.

Para aprender más...

¿Lo sabías?

La historia de amor más famosa del mundo

Podría decirse que *Romeo y Julieta* de William Shakespeare es la historia de amor más famosa del mundo. Desde su publicación en 1597 se ha convertido en un modelo para las historias de amor complicadas o trágicas, tanto en literatura como en música o incluso en el cine. Ha sido traducida a muchas lenguas.

En las expresiones...	el pronombre...	se refiere a...
Ejemplo: ...le contesté (línea 9)	**"le"**	*al Che*
A. Apenas <u>lo</u> sacaron *(línea 11)*	"lo"	
B. ...<u>sus</u> ojos *(línea 11)*	"sus"	
C. ...<u>me</u> buscaron *(línea 11)*	"me"	
D. ...<u>le</u> devolví la mirada *(línea 13*	"le"	
E. ...<u>se</u> lo espera *(línea 15)*	"se"	

Piensa

7. Contesta la siguiente pregunta basándote en las líneas 16 a 18 del texto y elige la opción correcta.

El Presidente de Bolivia anunció a la población que los revolucionarios…

A. iban a cambiar la situación social del país. ☐

B. debían ser recibidos como héroes.

C. querían establecerse en el país con mujeres bolivianas.

D. podían causar graves problemas a todos.

8. Señala si las siguientes afirmaciones son verdaderas (**V**) o falsas (**F**) y justifica tu respuesta con palabras del texto (*líneas 18 a 21*).

	V	F
A. La narradora comenzó a experimentar los efectos del amor.	☐	☐

Justificación: ....

B. El Che le pareció el hombre más guapo que había visto en su vida. ☐ ☐

Justificación: ....

C. Según la profesora, la expresión del Che era dura y enérgica. ☐ ☐

Justificación: ....

El juego de las palabras

9. Busca en el texto (*líneas 22 a 24*) la(s) palabra(s) o expresiones que utiliza la narradora para mostrar:

A. la celebración de la victoria de los militares

B. su conmoción tras oír los tiros

C. un crimen.

Recursos literarios

10. Busca en el texto (*líneas 25 a 34*) ejemplos de los siguientes recursos literarios.

A. El **símil o comparación** referido a la luminosidad de los ojos del Che.

B. La **metáfora** sobre el sufrimiento interno de la profesora.

C. El **símil o comparación** relacionado con las creencias del Che.

11. Elije la opción correcta para describir cómo recuerda la profesora su enamoramiento del Che el día que lo mataron.

A. Como una anécdota sin importancia. ☐

B. Después de haberlo olvidado por completo.

C. Con la nostalgia de haber perdido un posible gran amor.

D. Con remordimientos por no haberle dicho nada al Che.

Para usar correctamente la lengua

12. En los relatos, para describir cualidades o situaciones habituales en el pasado, se suele utilizar el pretérito imperfecto de indicativo. Escribe los verbos de las siguientes frases en **pretérito imperfecto de indicativo**, como en el ejemplo.

Ejemplo: No (tener) tenía experiencia de tratar con gente desconocida.

A. Por dentro (sentir) …….. una enorme alegría.

B. En el pueblo (reinar) …….. un clima tenso.

C. La gente (hablar) …….. del mensaje del Presidente.

D. Dijo que los invasores (ser) …….. invasores extranjeros.

E. (Estar) …….. enamorada.

F. (Parecer) …….. uno de esos héroes de las películas.

G. (Tener) …….. la apariencia de Cristo.

H. Esa voz (ser) …….. la del Che.

I. Yo (ir) …….. al encuentro de mi amor.

13. Habrás notado que en el texto *Amor en La Higuera* el autor también utiliza el pretérito indefinido. Completa el siguiente fragmento del texto escribiendo los verbos en **pretérito indefinido o pretérito imperfecto**, según corresponda. Estos tiempos verbales son los más utilizados, entre otros, en cualquier texto narrativo.

> Esa noche no **[A]** (dormir) dormí tranquila. **[B]** (Escuchar) …….. las voces de los soldados y oficiales, quienes **[C]** (parecer) …….. festejar su triunfo entre gritos y bebidas. Después, entrada ya la noche, **[D]** (escuchar) …….. unos disparos que **[E]** (hacer) …….. estremecerme en la cama.

> Al día siguiente de su asesinato, ya en Vallegrande, lo **[F]** (ver) …….. tendido en el banco de cemento del lavadero; **[G]** (tener) …….. en los ojos la misma luz que me **[H]** (penetrar) …….. como un dardo en el pecho. Me **[I]** (poner) …….. triste y **[J]** (llorar) …….. por dentro, pues no **[K]** (querer) …….. que los militares se dieran cuenta de mis sentimientos.

Tu respuesta personal

14. Lee el siguiente fragmento y elabora una **respuesta personal** de 150 a 250 palabras.

> *Apenas lo sacaron para tomar fotos, sus ojos me buscaron entre el tumulto para guiñarme. Fue la primera vez que le devolví la mirada, pero algo avergonzada, aunque por dentro sentía una enorme alegría, como quien encuentra el amor de su vida mientras menos se lo espera.*

En tu respuesta personal deberías comentar y analizar el llamado "flechazo" o "amor a primera vista", si crees en su existencia o si, por el contrario, podría deberse a la necesidad de amor de algunas personas que son excesivamente soñadoras.

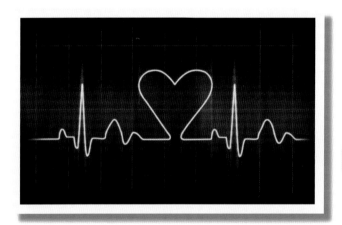

15. Algunas historias de amor, presentes en casi todos los libros de ficción, son realmente sorprendentes. Escribe una crítica literaria a la revista de tu colegio, comentando y analizando la trama amorosa de un libro que te haya interesado. (Mínimo 250 – máximo 400 palabras)

Trabajo escrito

16. Escribe un final alternativo, en forma narrativa, del relato *Amor en La Higuera*. Podrías imaginar que el Che ha sido solamente herido, no muere, por lo que el amor de la profesora podría tener éxito (o ninguno). Escribe el texto de la narración (600 – 700 palabras).

Individualmente
OPCIÓN LITERARIA

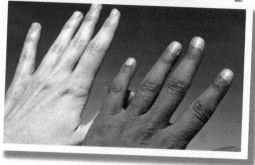

Parejas multirraciales

17. Mira detenidamente las fotos y expón oralmente un relato corto sobre la que podría ser la evolución social de ésta o cualquier pareja multirracial o multicultural en tu país de nacimiento o el de residencia.

En familia con tus compañeros

18. Con tus compañeros, vas a formar una familia hipotética y dramatizar una escena basada en los siguientes elementos.

- Los padres son estrictos y tradicionales.

- El hijo/la hija es adolescente y rebelde, muy enamorado/a de un chico o una chica de otra raza, cultura o clase social diferente.

- El enamorado / la enamorada es completamente diferente de la situación social o cultural del hijo / la hija.

- Pueden intervenir más personajes, como hermanos, tíos, primos, etc., dependiendo del tipo de familia que sea y de la cantidad de estudiantes.

"Esto era la nieve[...] Por momentos, parece azúcar, con la misma consistencia granulada y fina. Supongo que puede ser eso lo que hace que la nieve traiga una reminiscencia infantil: una ciudad fantástica, simplificada en sus formas, suave, con ilusión de nube, vestida o tapada de un brillo absoluto e ineludible. Por todos lados, el aire mismo, tiene cualidad de tela, de sábana densa de terciopelo claro, clarísimo, eso es la nieve, un terciopelo blanco y fresco, dulce de caramelo."

Karina Macció, Fragmentos de "Cronika" (libro inédito)

Prohibido fotocopiar

Unidad 18: Mi viaje

Literatura – Viajes

Tema troncal	Literatura
Opción temática	Viajes
Tipo de texto	El diario
Recursos literarios	Características del diario El lenguaje figurado
Contenidos gramaticales	Los tiempos de la narración: presente, pasado (indefinido, imperfecto, pluscuamperfecto)

Para empezar

1. Conversa con tus compañeros para responder a esta pregunta: ¿Qué es un "diario de viajes"?

2. ¿Has escrito alguno? Si lo has hecho, ¿traerías algún fragmento a la clase para compartirlo?

3. Haz una breve presentación de tu texto: ¿cuándo lo escribiste?, ¿dónde?, ¿por qué?

4. Si no escribiste un texto con estas características, ¿cómo lo harías? Imagina una página de un "diario de viajes".

5. Compara lo que tú escribiste con lo que escribieron tus compañeros. ¿Qué aspectos en común tienen los textos? ¿Qué aspectos diferentes tienen?

Para leer

6. Primero mira rápidamente el siguiente texto sin leerlo en detalle e indica qué característica del texto que ves a primera vista te permitiría suponer que se trata de un diario.

Fragmentos de *Cronika* – libro inédito

por Karina Macció

Día 0   Hace meses que vengo preparando lo que tengo que llevar, y horas que empaco cosas que no sé si voy a usar.

Nunca nadie viene a despedirnos cuando viajamos […]

Esta vez, vinieron todos, hasta mi tía […]

Día 1   Me queda claro que viajar más de 8000 km. implica algunos cambios, radicales. […] Llegó a hacer 40 grados de sensación térmica en Buenos Aires y pensé que no se podía vivir […] En cambio, hoy sentí cuchillos atravesando el aire y con él, mi nariz, mis ojos, mis orejas. […] Me sorprende el simple hecho de que dos intensas sensaciones opuestas provoquen el mismo efecto: el rojor ardiente, paspado[1] y tirante, pronto a agrietarse. […]

Cuando salimos de JFK, tomamos un colectivo que nos llevó directo a Manhattan […], y de nuevo vi el cementerio infinito que rodea a Nueva York […]

Día 9

[…]

Esto era la nieve. Primero, cuando salimos del Whitney Museum, era una nevisca, yo decía que era como si las partículas del aire se hubieran congelado. Eran piedritas finísimas que cosquilleaban en la partes insensibles expuestas a la intemperie (puntita de la nariz, ojos, labios). Después, las piedritas comenzaron a inflarse, ya se parecían más a copos, pero no tan redondos. En realidad, no sé si existe el "copo", ¿no tendría éste que ser perfecto, redondo, pulposo? […] Pero la nieve no cae así. En todo caso, eran unos copitos desnutridos aunque bonitos que primero caían vertical y armoniosamente. Nunca había visto el momento en que empieza a nevar tupido, cómo el paisaje se transforma en pocos minutos. Era de noche y todo gris oscuro, con las luces definidas y de repente el blanco empieza a ocupar cada rincón, en la calle, es una alfombra suave extendida que vas marcando a medida que caminás […] Por momentos, parece azúcar, con la misma consistencia granulada y fina. Supongo que puede ser eso lo que hace que la nieve traiga una reminiscencia infantil: una ciudad fantástica, simplificada en sus formas, suave, con ilusión de nube, vestida o tapada de un brillo absoluto e ineludible. Por todos lados, el aire mismo tiene cualidad de tela, de sábana densa de terciopelo claro, clarísimo, eso es la nieve, un terciopelo blanco y fresco, dulce de caramelo. La sensación de pluma también es fuerte porque cuando te toca la nieve no moja, se apoya suavemente, casi flota, y uno la puede espantar con la mano si no quiere que pronto crezca una manchita de agua. […] Al principio, la nieve se presiente en el cielo. Yo no lo sabía (no conocía este presentimiento) y pude darme cuenta luego de ver nevar varias veces. Desde la mañana el día parece cargado de gris, pero en realidad, es una acumulación insoportable de blanco. […] Es raro, uno siente que algo va a rebalsar, igual que con una tormenta de agua, pero con un color distinto y con un tiempo distinto. La lluvia se desata, estalla, en general. Es verdad que a veces puede ser finita, pero es rápida. La nieve, en cambio, se va desenvolviendo, redondeando, y se puede seguir con la mirada su trayectoria sin perderse ni un momento. […] En un segundo me pareció que había surgido un nuevo mundo y nos estábamos transformando para estar acordes con él. De juguete, irreal, inmóvil. […] El tiempo, por lo tanto, también se ve alterado. La ilusión es que no pasa. […]

Nosotros íbamos camino de Penn Station. Cuando salimos a Broadway pudimos ver que la vida sobre la tierra seguía existiendo […] Era la zona (cuadrada y delimitada) del tiempo. Y tuvimos que correr entre la nieve ya muy pisoteada y cayendo como un olvido sobre nosotros.

(http://www.zapatosrojos.com.ar/cronicask/base.htm)

[1] ***paspar:*** Arg., Bol. y Ur.   dicho de la piel, agrietarse por efecto del frío y la sequedad

Para comprender el texto

7. Lee de nuevo el texto anterior.

Mira la siguiente frase referida al viaje de Karina, marca los verbos e indica en qué tiempo están.

Día 1

"Cuando salimos de JFK, tomamos un colectivo que nos llevó directo a Manhattan […], y de nuevo vi el cementerio infinito que rodea a Nueva York […]"

Cuando consideramos estas acciones, podemos responder a las preguntas: **¿qué pasó?** o **¿qué hizo Karina?**

8. En su diario Karina también incluye **comentarios e impresiones personales**.

Observa los siguientes fragmentos:

Me queda claro que *viajar más de 8000 km. implica algunos cambios, radicales.*

Me sorprende *el simple hecho de que dos intensas sensaciones opuestas provoquen el mismo efecto: el rojor ardiente, paspado y tirante, pronto a agrietarse.*

En realidad, no sé *si existe el "copo", ¿no tendría éste que ser perfecto, redondo, pulposo?*

Supongo que *puede ser eso lo que hace que la nieve traiga una reminiscencia infantil.*

Es raro, uno siente que *algo va a rebalsar.*

Todas esta expresiones transmiten opiniones, impresiones o sentimientos de Karina.

Ahora trata de expresar con una sola palabra el **sentimiento** o la **actitud** de Karina frente a la situación que presenta cada una de las frases anteriores.

Ejemplo: seguridad

Cuando consideramos el conjunto de estos comentarios, podemos responder a la pregunta: **"¿cómo fue?"**.

Para usar correctamente la lengua

Analiza

9. Vamos a centrarnos en los tiempos que usamos en la narración. En el diario que acabas de leer:

A. ¿En qué tiempo aparecen los verbos que expresan acciones?

B. ¿En qué tiempo aparecen la mayoría de los verbos que expresan comentarios?

C. Hay un momento en el que Karina se refiere a una acción anterior a este viaje: ¿cuál es?, ¿qué tiempo verbal aparece?

10. Observa el funcionamiento de los tiempos verbales en la narración.

Tiempos de la narración

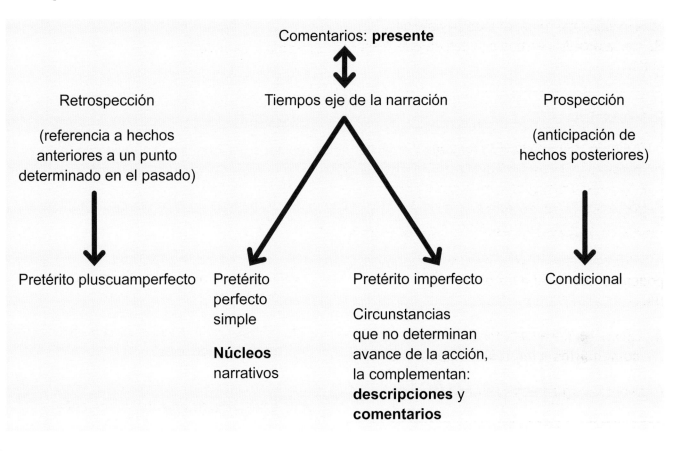

El tipo de texto

Recursos literarios

11. Analiza algunas características particulares de este texto y responde a las siguientes preguntas.

   A. Karina emplea la metáfora de un objeto punzante para expresar la sensación del frío penetrante. ¿Cuál es ese objeto?

   B. Una nueva imagen de dureza y frío se aplica para describir los copos de nieve. ¿Cuál es?

   C. El tamaño reducido de los copos de nieve se indica con un adjetivo que los humaniza. ¿Cuál es?

12. La imagen visual destaca el predominio de un color. ¿De qué color se trata?

A lo largo del texto la nieve se compara con…

   A. una sustancia alimenticia. ¿Cuál es? ¿Qué características de la nieve la vuelven parecida a esa sustancia?

   B. una tela. ¿Cuál es? ¿Qué características de la nieve la vuelven parecida a esa tela?

   C. un objeto extremadamente liviano. ¿Cuál es? ¿Qué características de la nieve la vuelven parecida a ese objeto?

13. En el cierre del texto, Karina dice que la nieve cae "… como un olvido". ¿Qué estado de ánimo te parece que se describe con esta comparación? Elige la opción correcta.

A. alegría infantil ☐

B. cierta nostalgia

C. apuro y distracción

D. indiferencia

14. Además de ser un diario de viaje, por incluir estos recursos del lenguaje, ¿qué tipo de texto es éste?

15. Para encontrar la definición del tipo de texto con el que trabajaste en esta unidad, completa el siguiente texto en tu cuaderno.

Este texto es un diario porque presenta ……… diarias, que corresponden a un ……… . Por eso se llama Diario de ……… . Como además, hay lenguaje figurado (imágenes y metáforas) que se incluyen para ……… el paisaje, es también un texto ……… . Por ser un diario, está redactado en ……… persona e incluye comentarios y reflexiones de tono ……… .

Para escribir

16. Te habrás fijado que en el diario de Karina faltan los días 2 a 8. Imagínate que eres Karina, y escribe unos apuntes para tu diario de uno de esos días. Para ello:

- imagínate algunas acciones y añade los comentarios o descripciones correspondientes;

- recuerda también incluir imágenes, comparaciones y metáforas para que el texto adquiera características literarias.

Para hablar con tus compañeros

Karina está muy impresionada por la nieve porque en el lugar donde ella vive no nieva nunca. Ella vive en Buenos Aires.

17. Busca imágenes de la ciudad de Buenos Aires. ¿Has estado allí alguna vez?

- Si es así, cuéntales a tus compañeros algunas de las impresiones más claras que te haya dejado la ciudad.

- Si nunca estuviste allí, observa las imágenes y comenta con tus compañeros los aspectos que más te llaman la atención y qué impresión te provocan.

18. Hay un tango muy famoso que habla de Buenos Aires: *Mi Buenos Aires querido*. Si no lo conoces, búscalo en Internet. ¿Entiendes lo que dice? Escúchalo con tus compañeros para explicar lo que le pasa al personaje y mencionar algunos objetos característicos de la ciudad.

Para terminar

El juego de los paisajes

19. Observa las siguientes fotografías. Si tienes alguna fotografía de un paisaje, agrégala a la muestra.

Ahora vas a trabajar con tus compañeros en grupo, y luego cada grupo presentará sus ideas al resto de la clase.

Grupo A

Comenta con tus compañeros. ¿Qué fotografía es la más representativa del lugar donde vives? Coméntala teniendo en cuenta los siguientes aspectos.

A. ¿Qué ambiente representa? Descríbelo de la manera más completa que puedas.

B. ¿Qué características te gustan más de ese ambiente? ¿Qué actividades se pueden hacer allí? ¿Lo cambiarías por otro paisaje de los que aparecen en las fotos? ¿Por qué?

C. ¿Cómo se relaciona ese ambiente con el estado de ánimo o el tipo de comportamiento social de la gente que vive allí?

Grupo B

Elige una fotografía con características completamente diferentes a las que ves diariamente y coméntala con tus compañeros teniendo en cuenta los siguientes aspectos.

A. ¿Qué ambiente representa? Descríbelo de la manera más completa que puedas.

B. ¿Qué características te gustan más de ese ambiente? ¿Has visto alguna vez un paisaje o un ambiente de ese tipo? ¿Qué actividades pueden hacer las personas que viven allí? ¿Cambiarías este lugar por el lugar en el que vives? ¿Por qué?

C. ¿Cómo se relaciona ese ambiente con el estado de ánimo o el tipo de comportamiento social de la gente que vive allí?

Para aprender más...

¿Lo sabías?

Viajar por el mundo

En cuanto a la actividad de viajar, España y México son los dos países hispanohablantes que se destacan por esta preferencia. El aeropuerto internacional de Madrid, Barajas, ocupa el puesto número 11 en la categoría de los aeropuertos más ocupados del mundo.

Viajar en avión

España – Puesto número 11

México – Puesto número 23

"Ya estaba enfermo, es claro, pero nosotros no lo sabíamos y él, en principio, tampoco", escribe ahora Muchnik. "Pero ese día de agosto en que lo recibimos en la estación de Chamartín, Julio estaba dicharachero y tenía buen aspecto. Había trabado amistad con un joven compañero de viaje y tuvimos que esperar a que intercambiaran direcciones y teléfonos."

Luis Alemany, Imágenes y memorias del último viaje de Julio Cortázar

Unidad 19: El último viaje de Cortázar

Literatura – Viajes

Tema troncal	Literatura
Opción temática	Viajes
Recursos literarios	El sentido literal y el sentido figurado
Contenidos gramaticales	Los pronombres y sus referentes

Para empezar

En esta unidad vas a leer la segunda parte del artículo sobre el último viaje de Cortázar. La primera parte la leíste en la Unidad 4.

1. Conversa con tus compañeros para recordar juntos de qué trataba la primera parte del artículo. Comenta también con ellos cualquier otra cosa que sepas sobre Julio Cortázar.

"¿Hasta cuándo vamos a seguir creyendo que la felicidad no es más que uno de los juegos de la ilusión?"

Julio Cortázar

2. Lee la segunda parte del artículo sobre el último viaje de Cortázar que tienes a continuación, y contesta las preguntas.

Imágenes y memorias del último viaje de Julio Cortázar

por Luis Alemany

La exposición 'Cortázar por Mario Muchnik' reunió en el **Centro de Arte Moderno de Madrid** los retratos que el editor tomó del autor a lo largo de su vida y, sobre todo, en el verano de 1983, el último en la vida de Julio Cortázar. El mismo verano que Muchnik relata en las páginas del libro que acompaña a la muestra. [5]

Su punto de partida es la muerte de Carol Dunlop, la última mujer del escritor, en 1982. **"El duelo[1] de Julio duró hasta su muerte**, en febrero de 1984". En esas condiciones, Muchnik y su mujer, Nicole, insisten a Cortázar para que no pase el verano solo y lo invitan a pasar unos días con ellos en un molino que tienen alquilado en la sierra de Segovia. En contra de lo previsto, y a última hora, su amigo accede. [10]

"Ya estaba enfermo, es claro, pero nosotros no lo sabíamos y él, en principio, tampoco", escribe ahora Muchnik. "Pero [15] ese día de agosto en que lo recibimos en la estación de Chamartín, Julio estaba dicharachero[2] y tenía buen aspecto. Había trabado amistad con un joven compañero de viaje y tuvimos que esperar a que intercambiaran direcciones y teléfonos".

Los siguientes días son una sucesión de mañanas de trabajo (el escritor se llevó una máquina de escribir Hermes Baby en el equipaje), cordero y vino tinto en los almuerzos, paseos por los bosques por las tardes y más cordero y vino en las cenas. El día del cumpleaños (el 26 de agosto, el mismo día de los guardias civiles y el del regreso a Francia), la dieta [20] incluye alguna copa de whisky y una despedida atropellada.

Sin embargo, el texto con el que Muchnik recuerda aquellos días no es una simple relación de costumbres sobre las plácidas vacaciones de Julio.

Cortázar por Mario Muchnik no es *Rayuela* pero, al menos, va más allá de la devoción hueca[3]. Así, en el texto del editor hay tiempo para [25] profundizar en la psicología del escritor argentino.

También aparece la muerte en el texto de Muchnik. Ronda por ahí, como una sombra, desde la primera página, desde que Cortázar aparece solitario y más delgado que nunca, como si su figura fuera un anuncio siniestro. Y se hace explícita en el triste invierno de 1984. [30]

(www.elmundo.es, Cultura y Ocio. Texto adaptado.)

---

[1] **duelo**   dolor o aflicción por la muerte de un ser querido

[2] **dicharachero**   que habla mucho

[3] **hueca**   vacía, que no tiene nada en el interior

Para comprender el texto

Piensa

Basándote en el primer párrafo ("La exposición … a la muestra"), elige la opción correcta.

3. El título del artículo alude a las imágenes (que ya conoces) del último viaje de Cortázar y a las "memorias". ¿A quién pertenecen estas memorias?

   A. A Luis Alemany, autor de este artículo. ☐

   B. Al escritor Julio Cortázar.

   C. A Mario Muchnik, el fotógrafo del viaje.

   D. A la última esposa de Cortázar.

4. Esas memorias están compuestas por:

   A. una revista y dibujos. ☐

   B. un periódico y fotos.

   C. una entrevista y algunos retratos.

   D. un libro y fotos.

> *"Todo mañana es la pizarra donde te invento y te dibujo."*
>
> Julio Cortázar

Basándote en el segundo párrafo ("Su… accede"), responde a estas preguntas.

5. ¿Cuáles son las condiciones que determinan la invitación de Mario y Nicole?

6. ¿Qué expresión del texto indica que Mario no esperaba la aceptación de Julio?

7. Basándote en el tercer párrafo ("Ya estaba enfermo… atropellada"), enumera las tres características con las que se describe la condición de Julio el día del encuentro.

Las siguientes frases se refieren a las líneas 16 a 23 ("Había trabado… plácidas vacaciones de Julio"): Indica si son verdaderas (**V**) o falsas (**F**) y escribe **las palabras del texto** que justifican tu respuesta, como en el ejemplo.

	V	F
Ejemplo: Julio piensa continuar la relación con su compañero de viaje.	✓	☐

Justificación: intercambiaran direcciones y teléfonos

8. Cortázar se tomó vacaciones completas durante el viaje. ☐ ☐

   Justificación: ....
   ....

9. Los amigos comían y bebían casi siempre lo mismo. ☐ ☐

   Justificación: ....
   ....

10. Cortázar les dijo adiós a sus amigos el día de su cumpleaños. ☐ ☐

    Justificación: ....
    ....

11. ¿Qué característica del libro de Muchnik destacan las líneas 22 a 26 ("Sin embargo… escritor argentino") Elige la opción correcta.

A. Es un simple diario de viaje con descripciones de paisajes.

B. Es un libro tan bueno como **Rayuela** de Cortázar.

C. Es un libro de memorias que muestra características de Cortázar.

D. Es un tratado de psicología que estudia al escritor.

12. Responde: ¿cuándo murió Cortázar?

Para usar correctamente la lengua

Analiza

13. Basándote en las líneas 7 a 15 ("Su punto de partida… escribe ahora Muchnik"), completa el cuadro siguiente, como en el ejemplo, para identificar el referente al que aluden los pronombres en las frases de la columna izquierda.

En la expresión…	la palabra…	se refiere a…
Ejemplo: ...su punto de partida (línea 7)	**"Su"**	*Muchnik o el libro*
A. El duelo de Julio duró hasta su muerte *(líneas 8 a 9)*	"su"	....
B. ...su mujer, Nicole *(línea 10)*	"su"	....
C. ...lo invitan a pasar unos días con ellos *(líneas 11 a 12)*	"lo" "ellos"	....
D. ...su amigo accede *(línea 14)*	"su"	....
E. ...nosotros no lo sabíamos y él, en principio, tampoco *(línea 15)*	"nosotros" "él"	....

Recursos literarios

14. En el artículo se menciona el libro *Rayuela* de Julio Cortázar. Busca datos sobre este libro y responde a las siguientes preguntas.

   A. ¿Qué tipo de libro es?

   B. ¿En qué año se publicó?

   C. ¿Por qué es importante dentro de la historia de la literatura en lengua española?

15. Lee los siguientes fragmentos tomados de *Rayuela*.

> *¿Para qué sirve un escritor sino para destruir la literatura? (Rayuela, Cap.99)*
>
> *—Y por eso el escritor tiene que incendiar el lenguaje, acabar con las formas coaguladas e ir todavía más allá, poner en duda la posibilidad de que este lenguaje esté todavía en contacto con lo que pretende mentar. No ya las palabras en sí, porque eso importa menos, sino la estructura total de una lengua, de un discurso. (Rayuela, Cap. 99)*
>
> *[…] hay que abrir de par en par las ventanas y tirar todo a la calle, pero sobre todo hay que tirar también la ventana, y nosotros con ella. ("Rayuela", Cap.147)*

16. Busca en un diccionario monolingüe (es decir, español–español), las siguientes palabras:

   A. incendiar

   B. coagular

   C. mentar

   D. tirar

17. Teniendo en cuenta sus significados de base, busca en los fragmentos de *Rayuela* (de la pregunta 15) expresiones equivalentes a la siguiente:

   "destruir la literatura"

18. La expresión "tirar por la ventana" o "arrojar por la ventana" es usada en **sentido metafórico**. ¿Qué significa?

19. Relaciona tus conclusiones con el siguiente fragmento de *Rayuela*. Imagina que has participado del viaje de Cortázar en alguno de sus trayectos.

> *[…] me pregunto si alguna vez conseguiré hacer sentir que el verdadero y único personaje que me interesa es el lector, en la medida en que algo de lo que escribo debería contribuir a mutarlo, a desplazarlo, a extrañarlo, a enajenarlo. ("Rayuela", Cap. 97)*

Para escribir

20. Escribe en tu diario las experiencias que recogiste.

21. Escríbele una carta a Julio Cortázar en la que le cuentes tus experiencias como lector activo de alguno de sus textos.

Para leer

22. Lee el siguiente fragmento de un cuento de Julio Cortázar.

El perseguidor

La música me sacaba del tiempo, aunque no es más que una manera de decirlo. Si quieres saber lo que realmente siento, yo creo que la música me metía en el tiempo. Pero entonces hay que creer que este tiempo no tiene nada que ver con… bueno con nosotros, por decirlo así.

Esto del tiempo es complicado, me agarra por todos lados. Me empiezo a dar cuenta poco a poco de que el tiempo es como una bolsa que se rellena. Quiero decir que aunque cambie el relleno, en la bolsa no cabe más que una cantidad y se acabó ¿Ves mi valija, Bruno? Caben dos trajes y dos pares de zapatos. Bueno, ahora imagínate que la vacías y después vas a poner de nuevo los dos trajes y los dos pares de zapatos, y entonces te das cuenta de que solamente caben un traje y un par de zapatos. Pero lo mejor no es eso. Lo mejor es cuando te das cuenta de que puedes meter una tienda entera en la valija, cientos y cientos de trajes, como yo meto la música en el tiempo cuando estoy tocando, a veces. La música y lo que pienso cuando viajo en el metro.

(Cortázar, J. "El perseguidor", en **Las armas secretas**. *Cuentos completos* /1., Madrid, Alfaguara – Santillana S.A., 1994, pp. 225-266)

Para comprender el texto

23. El personaje principal de este cuento es un músico. La relación entre la música y el tiempo da a entender la existencia de dos tiempos posibles.

- ¿Cuál es el tiempo del que la música lo "sacaba"? ¿Qué nombre le darías?

- ¿Cuál es el tiempo en que la música lo "metía"? ¿Qué nombre le darías?

24. El personaje compara este segundo tiempo con un objeto ¿Cuál es?

- ¿Cuál es la mejor posibilidad que ofrece la valija?

- El personaje compara esta posibilidad con otra ¿Cuál es?

25. Elige la opción correcta.

La música y el acto de pensar en el metro son equivalentes porque…

   A. son actividades cotidianas para un músico. ☐

   B. permiten vivir en una dimensión diferente del tiempo.

   C. son limitadas como la capacidad de la valija.

   D. permiten simplificar la vida cotidiana.

Para escribir

26. ¿Qué obra de arte (literaria, pictórica, musical, etc.) perteneciente a tu propia cultura compararías con *Rayuela* por sus características? Escribe una reseña en la que destaques las características de esa obra que la han hecho representativa para su época como expresión de rebeldía.

Para terminar

La rayuela

27. Busca información acerca de cómo se juega a la rayuela en los países hispanoamericanos.

28. ¿Por qué crees que Cortázar habrá dado este título a su novela?

29. Como has visto, las rayuelas tienen muchísimas variantes. ¿Serías capaz de inventar una para formar frases? En un casillero podrías incorporar sustantivos; en otro, verbos; en otro, adjetivos; en otro, situaciones, etc. A medida que juegas vas a ir construyendo frases.

Para hablar

30. Comenta con tus compañeros:

- ¿En tu país se juega a la rayuela?

- ¿Cómo es el tablero?

- ¿Es un juego popular? ¿Por qué?

- ¿Qué otros juegos populares existen?

- ¿Conoces algún juego que haya servido como punto de partida para crear una obra de arte?

JULIO CORTAZAR

"Es triste estar

simplemente estar

sin nadie ni nada

qué hacer

sin nadie ni nada que resolver"

Karina Macció, La pérdida

Unidad 20: Las palabras...

Literatura – La palabra

Tema troncal	Literatura
Opción temática	La palabra
Recursos literarios	El texto literario: el poema Los juegos de palabras
Contenidos gramaticales	"ser" y "estar"

Para empezar

1. Conversa con tus compañeros para responder a esta pregunta: *¿Qué es una palabra?* Luego busca en el diccionario la definición de "palabra".

2. Elige una palabra que te resulte adecuada para designar cada una de las siguientes imágenes. Sugiere tus palabras al resto de la clase. ¿Hay coincidencias? ¿En cuáles? ¿Hay divergencias? ¿En cuáles? ¿Por qué crees que se dan estas coincidencias y divergencias?

El juego de las palabras

3. Ahora vamos a jugar a asociar palabras e ideas. Cada uno va a decir una palabra, y el siguiente tiene que decir lo que le sugiere, pero ha de hacerlo rápidamente y sin pensar demasiado.

Para leer

4. A continuación, tu profesor va a leer un poema. Escúchalo y responde a las preguntas que te haga tu profesor/a.

5. Ahora lee el poema.

malapalabra

Las palabras son bolsas adonde van a parar encrucijadas[1]

que dejamos de precisar

y sin nombrar

vale todo:

vale que digas una palabra y yo escuche otra

distinta o contraria

vale que yo diga una palabra, dos, tres, y vos escuches siempre lo mismo

vale que alguien, uno, el-gran-ojo-que-todo-lo-ve diga una palabra y todos/

encuentren en ella un mensaje practicable

vale que una publicidad diga una palabra y todos compren el producto

vale que todas las palabras sean una metáfora

y la metáfora deje de existir

¡Cómo vale!

¡Cuánto vale la palabra!

mi moneda

tu moneda

la moneda

para cambiar e intercambiar

y quedarnos sin nada

para gastar saliva

y obtener a cambio

la comunicación

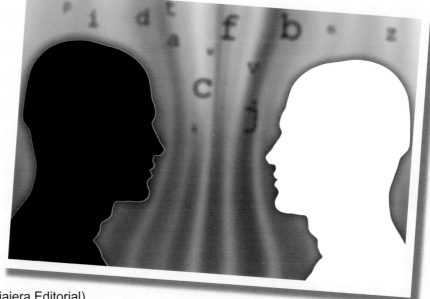

(Fragmento de Cecilia Maugeri, Viajera Editorial)

[1] **encrucijada** en sentido literal: lugar en donde se cruzan dos o más calles o caminos

Para comprender el texto

Recursos literarios

Contesta a las siguientes preguntas.

6. En el poema hay una palabra que se repite mucho. ¿Cuál es?

7. ¿Por qué crees que se repite?

Cuando esta repetición se da en el comienzo del verso, recibe el nombre de anáfora.

Para escribir

8. Lee el siguiente fragmento de las memorias del poeta chileno Pablo Neruda.

> *Todo está en la palabra… Una idea entera se cambia porque una palabra se trasladó de sitio, o porque otra se sentó como una reinita adentro de una frase que no la esperaba y que le obedeció… Tienen sombra, transparencia, peso, plumas, pelos, tienen de todo lo que se les fue agregando de tanto rodar por el río, de tanto transmigrar de patria, de tanto ser raíces… Son antiquísimas y recientísimas…*
>
> (Pablo Neruda, **Confieso que he vivido. Memorias**. Barcelona, Seix Barral, 1974.)

Escribe una respuesta personal con una extensión de entre 150 a 250 palabras. Explica tu punto de vista y demuestra tu competencia intercultural comparando el valor que crees que se le asigna a la palabra en la cultura que estás estudiando y en la tuya.

"Siempre hay tiempo para soltar las palabras, pero no para retirarlas."

Baltasar Gracián

Para leer

9. Lee el siguiente poema.

La pérdida o la perdida

Es triste estar

simplemente estar

sin nadie ni nada

qué hacer

sin nadie ni nada que resolver

complicadamente estar

sola

esperar

algo

que no se

sabe bien

esperar

el "Amor"

la "Vida Feliz"

el "Encuentro"

Las Grandes Expectativas

Las Grandes Cosas

que hay que

Esperar

[…]

Las Grandes Esperanzas

¿no es un título?

¿no es una película?

¿no es----? ¿no es----? ¿no es----?

No es.

Es

perar:

Ser

un árbol

de peras:

Dar

peras:

Es

peras:

Llueven peras verdes y me golpean y no sé

qué hacer

qué esperar

(Macció, Karina. **La pérdida o La perdida**. Buenos Aires, Viajera Editorial)

"Por las palabras se conoce la intención."

Proverbio castellano

Piensa

Responde a las siguientes preguntas.

10. Sólo tres de las siguientes afirmaciones son verdaderas según lo que dice el primer fragmento del poema. Elige las opciones correctas para describir la actitud de **esperar**.

A. Es una actitud pasiva. ☐

B. Tiene siempre objetivos claros. ☐

C. Es aburrido. ☐

D. Crea expectativas cada vez mejores.

E. Provoca sensación de aislamiento.

F. Puede ser muy frustrante.

G. Permite conocer gente nueva.

H. Es una actividad estresante.

El siguiente fragmento del poema propone también una definición de la expresión "Las grandes esperanzas".

Las Grandes Esperanzas

¿no es un título?

¿no es una película?

¿no es----? ¿no es----? ¿no es----?

No es.

Elige la opción que, según tu punto de vista, queda más claramente reflejada en el poema.

11. Las Grandes Esperanzas es:

A. un título. ☐

B. una película.

C. algo que no existe.

D. una pregunta sin respuesta.

12. La última parte del poema presenta un juego de palabras muy especial. Vuelve a leer el extracto a continuación. ¿Cuáles son las palabras y expresiones más importantes de este fragmento?

Es

perar:

Ser

un árbol

de peras:

Dar

peras:

Es

peras:

13. Las palabras que seleccionaste responden a dos "cadenas" o grupos de significado diferentes. Ubica cada uno donde corresponda.

esperar	peras

14. ¿Qué características tiene estas palabras que permiten "jugar" con ellas?

"Más vale una palabra a tiempo que cien a destiempo."

Miguel de Cervantes

15. Lee la conclusión del poema que aparece a continuación otra vez. ¿Cómo se siente el personaje en la conclusión del poema?

    Llueven peras verdes y me golpean y no sé

    qué hacer

    qué esperar

    A. segura ☐

    B. confundida

    C. protegida

    D. optimista

16. Relaciona esta respuesta con el título del poema y explica el juego de palabras que se produce allí, según el cambio de acentuación.

Para usar correctamente la lengua

Analiza

17. En los dos poemas se incluyen definiciones. "las palabras son bolsas"; "las palabras sean una metáfora" ¿[La expresión] "Las Grandes Esperanzas es un título"? "Ser un árbol de peras". ¿Qué verbo se usa para definir?

18. En el segundo poema se caracteriza la actitud de vivir esperando: "Es triste". ¿Qué tipo de característica se introduce aquí con el verbo ser?

    A. una característica que cambia ☐

    B. una característica que no cambia

19. Cuando decimos: "El personaje está confundido", ¿qué tipo de característica se introduce con el verbo estar?

    A. una característica que cambia ☐

    B. una característica que no cambia

Practica

20. Completa los siguientes textos, que ya conoces, con los verbos "ser" o "estar".

Texto 1

Patricia Araque, Atalaya formación

Que tu proyecto sea tu vida

Como le cuesta definirse apela a quienes tiene cerca. Su madre dice que **[A]** …… *trabajadora y perseverante, su marido que* **[B]** …… *muy solidaria y sus amigos destacan su sentido del humor. Siempre vinculada al marketing, fundó hace cinco año su propia empresa de formación -Atalaya- un proyecto que inició con mucha ilusión. Madrileña, de 30 años y casada con su compañero de toda la vida, Patricia Araque* **[C]** …… *licenciada en Publicidad y RRPP por la Universidad Complutense de Madrid y tiene un Máster en Dirección Comercial y Dirección de Marketing por el Instituto de Directivos de Empresa.*

Texto 2

El último viaje de Cortázar

"Ya **[D]** …… *enfermo, es claro, pero nosotros no lo sabíamos y él, en principio, tampoco", escribe ahora Muchnik. "Pero ese día de agosto en que lo recibimos en la estación de Chamartín, Julio* **[E]** …… *dicharachero1 y tenía buen aspecto. Había trabado amistad con un joven compañero de viaje y tuvimos que esperar a que intercambiaran direcciones y teléfonos".*

Los siguientes días **[F]** … … *una sucesión de mañanas de trabajo (el escritor se llevó una máquina de escribir Hermes Baby en el equipaje), cordero y vino tinto en los almuerzos, paseos por los bosques por las tardes y más cordero y vino en las cenas.*

[1] **dicharachero**   que habla mucho

Para terminar

Antología de poemas

21. Observa las siguientes imágenes. Vas a continuar el poema *La pérdida o la perdida*. Para ello, propón un verso que corresponda a cada una de las siguientes imágenes. Ordénalas según tu criterio y construye una o dos estrofas. Recuerda incluir comparaciones, metáforas, repeticiones, anáforas, juegos de palabras, etc. Luego comparte tu creación con el resto de la clase.

22. Con todos los poemas escritos, podemos crear una "Antología de poemas".

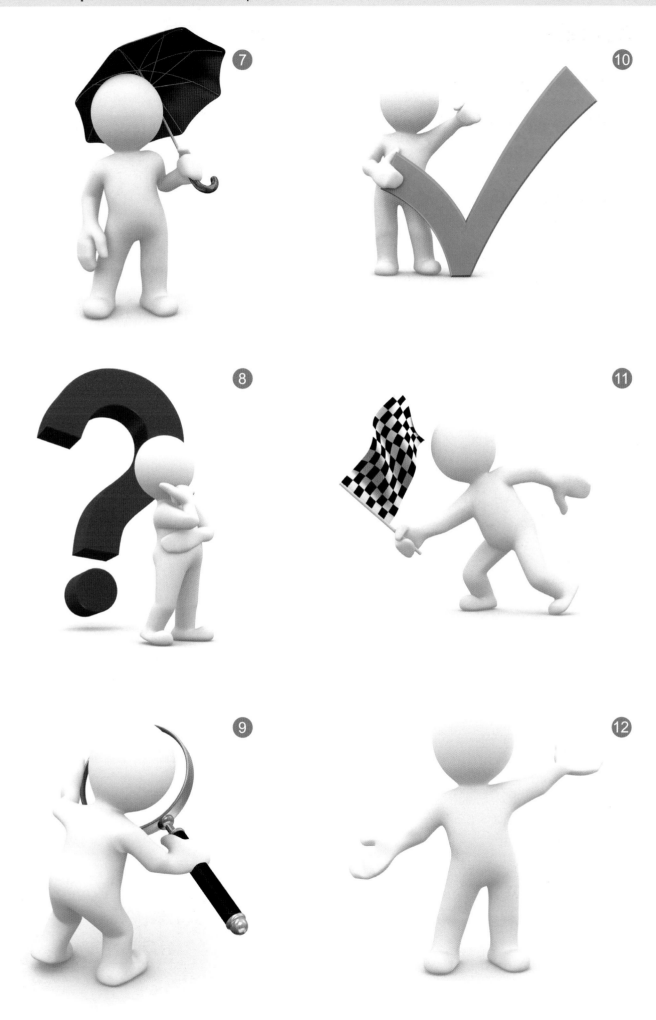

"La soledad lo perdía.
Arrastraba los pies descalzos
por habitaciones en sombras.
Las noches de sus recuerdos
se plagaban de imágenes
dispersas."

Cristina Lescano, Ascenso

Unidad 21: Ascenso

Literatura – Salud

Tema troncal	Literatura
Opción temática	Salud
Recursos literarios	El texto literario: el cuento

Para empezar

1. Conversa con tus compañeros sobre los siguientes temas.

   A. ¿Qué tipos de relaciones sociales mantienes en los diferentes lugares en los que se desarrolla tu vida?

   B. ¿Crees que las relaciones sociales son importantes para las personas? ¿Por qué?

   C. ¿Piensas que los comportamientos y posturas que nos exige la vida en sociedad nos limita como individuos?

   D. ¿Crees que los tipos de relaciones sociales que se establecen en tu país son diferentes a los de los países de lengua española?

   E. Imagina que eres un náufrago y que arribas a una isla desierta. ¿Crees que podrías vivir sin otro contacto humano? ¿Cuáles serían tus estados de ánimo?

Prohibido fotocopiar

Para leer

2. Lee el siguiente texto.

Cristina Lescano

Cristina Lescano es profesora y licenciada en Letras. Escritora nacida en Tucumán, reside en Rosario, Argentina. Dirige el Instituto Roberto Arlt de esa ciudad y coordina el Taller Literario "Andés". Su obra recibió premios y publicó en antologías diversas. En la editorial Ciudad Gótica publicó su libro De baúles y ensueños, *poemas. Es la autora de este cuento.*

ASCENSO

La soledad lo perdía. Arrastraba los pies descalzos por habitaciones en sombras. Las noches de sus recuerdos se plagaban de imágenes dispersas.

Cree que aparece un chico de ojos claros y rubios cabellos. Lo ve sonreír y saltar una cuerda. Cree que cerca corre un arroyito entre plantas que forman una selva.

Es escarpado el sendero y el bolso colgado en su espalda pesa demasiado, pero todos cantan: "podemos, podemos", y él no quiere ser menos.

Al fin hacen cumbre. El Taficillo[1] con sus bosques de laureles, con sus tipas legendarias. Los cayotes[2] colgando de lianas duras, el croar de las ranas.

El colchón de hojas y humus que los recibe para el descanso y los llena de gozo.

Su boca se derrite con la leche condensada que apenas se escurre por el pequeño orificio del recipiente. Todos tienen uno entre sus manos. Ríen recordando la travesura. Un camioncito sin chofer mientras ascendían, lleno de manjares. Y ellos guardando los tarros entre sus remeras[3] y bolsos.

Ahora están tirados, transpirando sueños. José María, el Gordo, el Chiquito, Cacho, sus compinches más cercanos. Hablan de mujeres. Cada uno es protagonista y héroe.

– Che, ¿viste la de cuarto año? Cómo me mira. Me tira besos desde la baranda.

– Anda, si nosotros somos de segundo, esas chicas miran a los de quinto.

– No, grita Cacho, a mí también, la Anita me lanza cartitas desde la galería.

– Y bueno, será cuestión de darles el gusto.

El sol está cayendo y una densa bruma se apodera del sitio. Comienza el descenso. Saben que apenas pasen los bosquecitos otra vez se abrirá la luz. Ahora bajan silenciosos.

El Gordo saca del bolso unas petaquitas[4] de coñac. Algunos se "prenden" al juego, otros los persuaden para que no lo hagan.

El Gordo ya ha venido tomando. Comienzan a envolverse en bromas inspiradas por esa ebriedad nueva, por esa sensación desconocida.

José María ve cómo el Gordo empuja al Chiquito, ve cómo éste intenta sujetarse. Después el alarido. Chiquito desaparece en la profundidad del precipicio.

El alcohol se esfuma como por arte de magia. Todos lloran. Otra vez tienen catorce años.

El Gordo intenta explicar. Ninguno sabe qué dirá Y se inventa la historia. El Chiquito resbaló y no pudieron sujetarlo.

Ahora continúan por el sendero. Los únicos sonidos son los de las pisadas sobre las hojas resecas. Ya están en el pueblo.

Algunos padres y profesores pasaron el día allí. No se animaron a escalar. Yolanda se acerca, interroga a José María: -¿Y el Chiquito?, ¿dónde está?

El muchacho no puede articular palabras. Todo transcurre como en un sueño. El regreso a la ciudad, los bomberos rescatando el cuerpo, la policía incautando las petacas con alcohol. El velatorio. La cara amoratada del Chiquito, el llanto de la madre.

José María no recuerda más. Su mente se detuvo en algún instante impreciso. No reconoce esa casa y no sabe qué pasó. Cómo tiene ahora ese rostro viejo, esa suciedad, esa cabellera.

El Chiquito pasa de tarde en tarde y lo abraza. Lloran juntos. De los otros no tiene registros.

Un aullido estalla en su garganta y se cubre la cara con las manos. Todo es negro: sus uñas, su boca, su vida.

---

[1] **Taficillo**   cerro de 1.870 metros, ubicado junto a la localidad de Tafí Viejo, Tucumán, Argentina

[2] **cayote**   fruto

[3] **remera**   camiseta

[4] **petaca**   botella pequeña, ancha y plana que se usa para llevar algún licor

Para comprender el texto

3. Responde a las siguientes preguntas.

   A. Indica las partes que conforman la estructura narrativa de este cuento (introducción, nudo, desenlace).

   B. Asocia una de las siguientes imágenes a cada una de las partes del cuento.

Imagen A

Imagen B

Imagen C

   C. Busca un fragmento descriptivo en el nudo del relato y un fragmento dialogado.

El juego de las palabras

4. Lee de nuevo la introducción, o sea el primer párrafo del cuento y responde a las siguientes preguntas.

   A. ¿Con qué palabra describirías el estado emocional del personaje?

   B. ¿Cuáles son las dos expresiones que dan idea de oscuridad?

   C. Busca en el texto la expresión que significa "perturbaba".

5. Vuelve a leer ahora el nudo del relato.

   A. ¿Qué expresión utiliza el narrador cuando comienza a recordar y las primeras imágenes aparecen de manera progresiva, confusa, como si fueran flashes cinematográficos?

   B. ¿Qué verbo utiliza la autora para indicar que, durante el descenso, algunos aceptan participar del juego?

   C. ¿Qué palabras del texto indican que es la primera vez que los jóvenes beben alcohol?

   D. ¿Por qué el narrador comenta "Otra vez tienen catorce años"?

6. Ahora lee otra vez el desenlace.

   A. En pocas palabras ¿cómo es el estado físico del personaje?

   B. ¿Y su estado mental?

   C. ¿Cuáles son tres expresiones extraídas del texto que justifican este último estado?

   D. ¿Qué palabras utiliza el narrador para decir que José María no sabe qué pasó con el Gordo y con Cacho?

Para usar correctamente la lengua

Recursos literarios

7. ¿Qué estilo utiliza la autora en la siguiente oración? ¿Directo, indirecto o indirecto libre?

   … todos cantan: "podemos, podemos", …

8. En el nudo del cuento, ¿cuál es la personificación que hace la autora?

9. Cuenta con tus palabras en qué consistió la travesura.

10. La metáfora "transpirando sueños" significa que los jóvenes:

    A. Están dormidos.

    B. Tienen sueño.

    C. Tienen calor.

    D. Imaginan historias.

11. ¿Qué imagen auditiva y visual utiliza la autora para decir que luego de la tragedia el descenso fue silencioso?

12. ¿Qué recurso literario utiliza repetidamente la autora para contar todo lo que sucede luego de la llegada al pueblo?

El tipo de texto

El texto que acabas de leer es un cuento. En esta sección vamos a estudiar algunas de las características específicas de este cuento.

El narrador

13. ¿En qué persona está narrado el cuento?

14. ¿El narrador es omnisciente u observador?

Los personajes

15. ¿Qué tipo de personajes son Gordo, Chiquito, Cacho, Yolanda, los padres y profesores, los bomberos, la policía?

Los tiempos de la narración

16. ¿Cuál es el tiempo verbal de la introducción?

17. ¿Con qué objetivo el narrador utiliza el presente histórico en el nudo de la narración?

18. ¿Cuáles son los tiempos verbales empleados en el desenlace?

19. ¿Crees que el narrador cuenta la historia de manera lineal? Justifica tu respuesta.

El espacio

20. ¿Qué tipo de espacio aparece en cada una de las partes del cuento? ¿Interior o exterior?

21. "El espacio no es un simple decorado ya que suele determinar el comportamiento y el estado anímico de los personajes". ¿En qué parte(s) del cuento crees que esto es así?

Para hablar

22. Habla con tus compañeros sobre los siguientes aspectos del cuento.

A. El narrador nos dice en el desenlace que la mente de José María "se detuvo en algún instante impreciso", y algo más abajo comenta: "El Chiquito pasa de tarde en tarde y lo abraza. Lloran juntos". ¿El Chiquito no estaba muerto? ¿Puedes explicar esta confusión temporal?

B. ¿Por qué crees que la autora ha titulado "Ascenso" a su cuento?

C. Si tu fueras el / la autor/a de este cuento, ¿qué otro título elegirías y por qué?

Para escribir

23. A partir del cuento que acabas de leer realiza el siguiente trabajo escrito:

A. Escribe una fundamentación de la tarea de 150 palabras;

B. Redacta un escrito creativo de 500–600 palabras sobre uno de los temas sugeridos a continuación:

- El Gordo preocupado por la salud de José María le escribe una carta.

- Entrevista al Chiquito, luego de su muerte.

- Escribe el diario personal del Gordo al cumplirse un año de la tragedia.

Para aprender más...

¿Lo sabías?

Premios Nobel de Literatura de lengua española

Mario Vargas Llosa

- José de Echegaray – España, 1904
- Jacinto Benavente – España, 1922
- Gabriela Mistral – Chile, 1945
- Juan Ramón Jiménez – España, 1956
- Miguel Ángel Asturias – Guatemala, 1967
- Pablo Neruda – Chile, 1971
- Vicente Aleixandre – España, 1977
- Gabriel García Márquez – Colombia, 1982
- Camilo José Cela – España, 1989
- Octavio Paz – México, 1990
- Mario Vargas Llosa – Perú, 2010

Jorge Luis Borges y Julio Cortázar, dos de los más grandes autores latinoamericanos ya fallecidos, nunca fueron reconocidos por la Academia Sueca.

Tipos de texto

Para empezar

¿Por qué es importante analizar las características de distintos tipos de texto? Quizás te parezca que este tipo de análisis es muy abstracto, pero en realidad te puede ayudar tanto para comprender los textos que lees en español como para aprender a escribir mejor.

Según la intención que tenga el autor del texto de informar, narrar, describir, argumentar o dar instrucciones, escribirá un tipo de texto con determinadas características específicas. **Es importante pues conocer la intención comunicativa del autor para saber qué tipo de texto tenemos ante nuestros ojos.**

Hay textos que se encuentran dentro de otro tipo de texto mayor, por ejemplo, es común incluir pasajes descriptivos dentro de una narración, pero también algunos pasajes narrativos pueden aparecer dentro de una descripción. Lo mismo ocurre con los demás tipos de textos: un texto informativo puede incluir narraciones, descripciones o argumentos. **Por eso es importante reconocer cuál es el tipo de texto que predomina.**

Hay que saber determinar cuál es el contexto en el que aparece publicado un texto, por ejemplo, si lo vemos en un diario, en un libro, en una página de internet. El contexto, además, se amplía si observamos el lugar que ocupa en el sitio de publicación, si aparece en alguna sección en especial, si va acompañado de imágenes, o el formato que tiene. Es importante aprender a identificar el contexto en el que el texto aparece.

En las secciones que aparecen a continuación tendrás la oportunidad de reflexionar sobre estos aspectos.

1: El texto expositivo o explicativo

(El artículo informativo)

Prohibido fotocopiar

¿Qué es?

Un texto expositivo o explicativo presenta información sobre una idea o sobre un hecho. La información debe ser clara y precisa, por eso en este tipo de texto, la selección y el orden de los datos es especialmente importante. Por lo común, el texto persigue la finalidad de aclarar un tema que es tratado como una cuestión por resolver o una pregunta (¿qué es…?, ¿cómo es…?, ¿por qué…?) y la explicación es la respuesta a la pregunta. La pregunta que sirve de punto de partida puede estar explícita o implícita en el texto.

Características del texto expositivo o explicativo

Estructura	**Introducción**
	Presentación del tema: la pregunta (explícita o implícita) que requiere respuesta.
	Explicación propiamente dicha: se responde a la pregunta.
	Conclusión: reflexiones y evaluaciones.
Enfoque y vocabulario	• Suele ser objetivo.
	• Pueden aparecer términos técnicos.
Registro	Formal.
Organización	• Cada información nueva ocupa un párrafo diferente.
	• Puede ir de lo general a lo particular o de lo particular a lo general.
Características de las oraciones	• Oraciones con estructura muy clara.
	• Verbos sobre todo en modo indicativo.
	• Predominio de la tercera persona.
Estrategias	• Definición
	• Reformulación
	• Citas de autoridad
	• Narración
	• Descripción
	• Ejemplo
	• Comparación

Análisis de un texto expositivo o explicativo

Entre los distintos tipos de textos expositivos o explicativos, encontramos **el artículo informativo**. En esta sección analizaremos sus características principales y estudiaremos un ejemplo específico.

El artículo informativo

Estructura	El artículo debe incluir: • **Título**: atractivo y con la información principal. • **Introducción (optativa)**: una síntesis del contenido del artículo. • **Cuerpo**: presentación del tema a través de sus principales líneas, que generalmente se estructuran como respuestas a las siguientes preguntas: ¿qué?, ¿dónde?, ¿cuándo?, ¿cómo?, ¿por qué?, ¿para qué?
Tono	Suele ser objetivo.
Rasgos lingüísticos	• Información precisa sobre la experiencia o el hecho: tiempo y lugar • Tercera persona (tono objetivo) • Verbos en presente (con valor descriptivo) • Presencia de numerosos sustantivos y adjetivos (descriptivos)
Recursos	• Definición • Descripción • Ejemplos

Análisis de un texto expositivo o explicativo

Título ···

Introducción o copete ··························

Presentación del problema:

(respuesta a la pregunta implícita ¿Qué perjuicios provoca el ruido?)

… determinados ruidos afectan a la salud de diferentes maneras.

Cuerpo del artículo ····························

¿A quiénes afecta el ruido? ·················
Descripción y ejemplos

Ampliaciones del tema ·······················
Descripción y ejemplos ·······················

¿De dónde proviene el ruido?
Descripción y ejemplos

Conclusión ·····································

Sugerencias para disminuir el ruido ··············

DEPARTAMENTO DE SALUD Y CONSUMO Y LA FUNDACIÓN ECOLOGÍA Y DESARROLLO

El ruido perjudica la salud

*Según la sensibilidad de cada persona y el nivel y tiempo de exposición, **determinados ruidos afectan a la salud de diferentes maneras.***

Afecciones más comunes

Los ruidos pueden provocar diferentes trastornos en el organismo. El deterioro del sistema auditivo (sordera, dolores de oído, vértigos, etc.) preocupa a la Unión Europea que estima que escuchar música en reproductores individuales (MP3, teléfonos móviles, etc.) más de una hora al día cada semana durante al menos cinco años puede provocar una pérdida irreversible de audición.

Una exposición a la contaminación acústica continuada también puede afectar el funcionamiento psíquico (molestia, pérdida de rendimiento escolar y laboral, irritabilidad, agresividad, insomnio, etc.) Incluso puede generar **afecciones a funciones vitales** (en el sistema cardiovascular, aparato respiratorio y digestivo, o sistema nervioso vegetativo).

Los más afectados

Hay que tener en cuenta también que existen **grupos especialmente vulnerables**, como las personas con enfermedades o problemas médicos específicos (por ejemplo, hipertensión), los internados en hospitales o convalecientes en casa, los individuos que realizan tareas intelectuales, y otros grupos de población como no videntes, bebés, niños pequeños y ancianos.

Además, las personas con problemas de audición son las que tienen más problemas en la comunicación oral.

¿Qué produce ruido?

Las fuentes principales de ruido en el exterior de los edificios son el tráfico de vehículos a motor, de trenes y de aeronaves, la construcción y las obras públicas, los espacios de ocio y los que producen los ciudadanos en su vida diaria. En cuanto al ruido en interiores, las fuentes habituales son los sistemas de ventilación, la maquinaria de oficina y de talleres, los electrodomésticos y el ruido generado por los vecinos.

Consejos

El Departamento de Salud y Consumo de Aragón y la Fundación Ecología y Desarrollo han editado una guía que informa sobre las molestias que genera el ruido y sus posibles efectos adversos sobre la salud.

La guía ofrece una serie de sugerencias **para evitar ocasionar molestias**, como adquirir electrodomésticos de bajo nivel de ruido e intentar no usar los más ruidosos (lavavajillas, lavadoras, aspiradoras, etc.) en horarios nocturnos; instalar correctamente los equipos de aire acondicionado y otros aparatos generadores de ruido; realizar actividades ruidosas (práctica de instrumentos musicales, bricolaje, etc.) en horarios adecuados y si es posible en habitaciones con aislamiento acústico; utilizar la televisión, radio o equipos de música a volúmenes que no resulten molestos, etc.

En la calle, se recomienda comportarse de manera cívica, evitando producir ruidos innecesarios especialmente en horarios nocturnos. En cuanto a los medios de transporte, es recomendable utilizar el transporte público, practicar una conducción no forzada o agresiva, no hacer sonar el claxon de forma innecesaria y mantener adecuadamente los vehículos.

Por último, en la guía se recuerda que en la mayoría de los casos, existen ordenanzas municipales que regulan los límites al respecto.

(www.mujeresycia.com. Texto adaptado)

Taller de textos

1. Busca en un periódico, revista, Internet o cualquier otro medio de comunicación, un artículo informativo.

- Pégalo en tu cuaderno.

- Señala en el texto las diferentes partes o características del artículo.

- Comenta por escrito esas características, poniendo ejemplos concretos del texto que demuestren tus argumentos.

2. Escribe tu propio artículo sobre un tema que te resulte de interés. Sigue el modelo del artículo *"El ruido perjudica la salud"* para hacerlo.

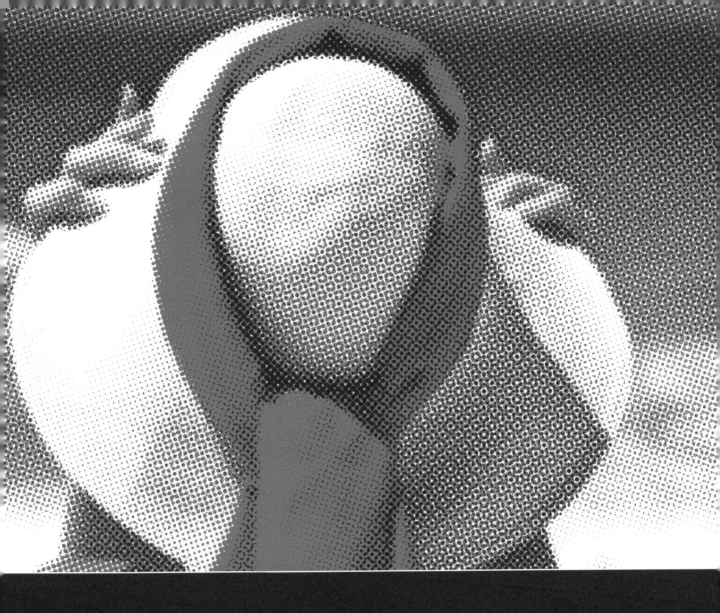

2: El texto descriptivo

(El folleto)

¿Qué es?

Describir es explicar aquellas características o cualidades de personas, animales, objetos, lugares, ambientes, sentimientos, sensaciones o situaciones, que le interesan al autor.

El texto descriptivo se organiza fundamentalmente ordenando los elementos en el espacio (dimensión espacial), a diferencia del texto narrativo, que los ordena en el tiempo (dimensión temporal).

Para realizar una buena descripción hay que:

* observar y pensar atentamente sobre lo que se va a describir

* seleccionar los rasgos más característicos (elementos constituyentes o partes, forma, tamaño, color, gusto, olor, sentimientos o sensaciones que despierta)

* dar un orden a los elementos seleccionados

* adoptar una finalidad o intención comunicativa específica (para qué, con qué fin o intención describo algo).

Las descripciones pueden ser objetivas o subjetivas, y suelen aparecer en distintos tipos de texto:

Descripciones objetivas   **Descripciones subjetivas**

definiciones

avisos ciasificados

instrucciones

textos científicos y técnicos

folletos

artículos periodísticos

anuncios publicitarios

panfletos

diarios, diarios de viaje

textos literarios

retratos, autorretratos, caricaturas

textos humoristicos

Características del texto descriptivo

Texto descriptivo objetivo	Texto descriptivo subjetivo
• Enumeración precisa de los datos (rasgos)	• Explicación de cualidades y manifestación de sensaciones
• Léxico específico y técnico	• Léxico variado y expresivo
• Adjetivación suficiente y necesaria	• Adjetivación abundante
	• Imágenes sensoriales (visuales, auditivas, táctiles, gustativas, olfativas)
• Comparaciones	• Comparaciones
• Registro generalmente formal	• Registro formal o informal
• Tiempo verbal predominante: presente	• Tiempo verbal predominante: presente y pretérito imperfecto
• Actitud imparcial del autor	• Actitud parcial del autor (inclusión de su punto de vista)
• Propósito comunicativo: dar una visión exacta de lo que se describe	• Propósito comunicativo: despertar emociones, atraer la atención del lector

Para escribir bien

Para hacer una buena descripción de un objeto puedes responder a las siguientes preguntas:

- ¿Qué es?
- ¿Para qué sirve?
- ¿De dónde proviene?
- ¿De qué está compuesto?
- ¿Cuáles son sus características?
- ¿Cómo funciona?

Análisis de un texto descriptivo

Entre los distintos tipos de textos descriptivos, encontramos el folleto, que analizaremos a continuación, y el anuncio publicitario (que veremos en la sección 3).

El folleto

Un folleto es un texto divulgativo o publicitario, que sirve para dar publicidad a una empresa, producto o servicio. Los objetivos del folleto son similares a los del anuncio publicitario, aunque contiene una mayor cantidad de datos por tener mayor extensión.

Para realizar un folleto es importante:

- diseñar títulos y subtítulos de manera clara y atractiva
- realizar argumentaciones completas, explicando claramente los beneficios del producto o servicio
- incluir fotografías, diagramas o dibujos que ilustren el producto o servicio.

Características del folleto

Estructura	• Texto de cierta extensión (puede ser un díptico, o un tríptico, por ejemplo, o un folleto de varias páginas). • Debe incluir información objetiva y ordenada. • Acompañado de imágenes u otros recursos gráficos. • Título, contiene el aspecto más "vendible" de lo que se publicita. • Subtítulos o títulos internos (cuando el texto es más largo y resulta necesario ir agrupando los datos). No es imprescindible utilizarlos, pero ayudan a la claridad del texto.
Enfoque y vocabulario	• Puede ser más objetivo o subjetivo. • En un texto objetivo, vocabulario específico, adjetivos precisos. • En un texto subjetivo, vocabulario más general y variado, adjetivos abundantes. • Enumeración de distintos elementos. • Verbos en presente y en pretérito imperfecto.
Registro	Formal o informal.
Organización	• Presentación cuidada. • Exposición ordenada de los detalles o explicación ordenada de los beneficios y/o características del producto o servicio.
Estrategias	• Descripción. • Colorido. • Imágenes sensoriales (visuales, táctiles, olfativas, gustativas, auditivas). • Comparación. • Imágenes (fotografías, dibujos, gráficos). • Distintos tipos de letra (cambio de color, tamaño, fuente). • Actitud imparcial (en un texto objetivo) o actitud parcial (en un texto más subjetivo) que incluye el punto de vista del autor.

Datos sobre el contexto en el que el texto aparece: en este caso, página de internet, datos de la tienda y diversas entradas de la página

Título

Datos sobre el nombre y el origen del producto

Fotografías para ilustrar el producto

Datos sobre los materiales de los que está constituido el producto

Datos sobre los lugares de elaboración del producto

Datos sobre quiénes y cómo elaboran el producto. Datos sobre algunas de sus características

Pasaje de carácter narrativo. Datos sobre el uso del producto a través del tiempo

Apreciación de carácter general y aparentemente objetiva. El "sin embargo" introduce una opinión del autor.

Datos sobre los problemas que atraviesa la fabricación del producto en la actualidad

Juicio subjetivo del autor sobre el producto. Es importante observar la aparición de la primera persona del plural "nosotros", en el que el autor se incluye (ustedes y yo)

Más datos del contexto: el producto es uno de los 5.000 que vende la tienda.

Referencia a un catálogo virtual

Análisis de un folleto

| Inicio | Cómo comprar | Atención al cliente | Ofertas | Quiénes somos |

El Sombrero Panamá

Aunque su nombre pueda llevar a una confusión, el verdadero sombrero de Panamá es un producto de Ecuador. Ecuador empezó a producir sombreros panamá en el año 1630, pero no los exportó activamente hasta el siglo XIX. Los sombreros fueron vendidos en los puertos panameños, como resultado de las cualidades y habilidades de los comerciantes ecuatorianos.

Para elaborar un sombrero panamá se utiliza una fibra resistente y flexible de una palmera sin tronco ("Cardulovica palmata") conocida como "toquilla". Esta materia prima se encuentra en las zonas costeras de Ecuador, donde se dan las condiciones climatológicas ideales para su crecimiento y desarrollo.

La provincia ecuatoriana de Manabi es históricamente el centro de la producción de los sombreros panamá. Las ciudades de Jipijapa y Montecristi han prestado sus nombres a los diferentes estilos de los sombreros panamá, gracias a las capacidades de sus artesanos locales.

Los maestros artesanos y tejedores pueden tardar hasta ocho meses en realizar un único sombrero ya que son tejidos a mano. La calidad del sombrero varía según la finura del tejido y la uniformidad del color. Las mejores fibras son seleccionadas a mano tomando en cuenta su suavidad y flexibilidad.

Los años 40 fueron los grandes años de producción de sombreros de paja toquilla. Fue la principal exportación de Ecuador y una distinción de estilo y elegancia. Desafortunadamente, en los años 60, se produjo una caída en el uso del sombrero en general, y de los sombreros de palma en particular, como artículo de moda para los caballeros. Esto fue impulsado por John Kennedy y su popular costumbre de llevar la cabeza descubierta. Como resultado de ello, la producción de buenos sombreros de palma de Panamá es ya casi un arte olvidado hoy en día. Sin embargo, no se ha perdido la esperanza, y todavía quedan unos pocos artesanos que tejen estos sombreros, y es posible que vuelva a surgir su popularidad.

En la ciudad de Montecristi, el arte de tejer sombreros panamá está disminuyendo. Hace dos generaciones había 2.000 tejedores y ahora sólo hay 20 maestros. Además, teniendo en cuenta que los maestros actuales tienen de 70 a 80 años aproximadamente, y que los sombreros más sencillos llevan un tiempo de elaboración de dos meses, hay poco tiempo libre para instruir a los más jóvenes en este arte. Los sombreros Montecristi son simplemente los mejores sombreros de paja del mundo, y por ello luchamos día a día para que este bello arte vuelva a renacer.

Muchas gracias por su visita y no olvide visitar nuestra Tienda Virtual

Disponemos de muchos más artículos (más de 5.000 referencias), que poco a poco vamos incorporando a la Tienda Virtual. Si usted se encuentra interesado en algún artículo que no ha visto, no tiene más que enviar un correo electrónico, para que así nos pongamos en contacto con usted a la mayor brevedad posible y le comuniquemos los productos que tenemos con esas características.

(www.lafavoritacb.com)

Taller de textos

1. Busca en un periódico, revista, Internet o cualquier otro medio de comunicación, un folleto.

- Pégalo en tu cuaderno.

- Señala en el texto las diferentes partes o características de un folleto.

- Comenta por escrito esas características, poniendo ejemplos concretos del texto que demuestren tus argumentos.

2. Escribe tu propio folleto sobre un objeto de tu interés. Sigue el modelo de *"El sombrero Panamá"*.

© Advance Materials 2011

3: El anuncio publicitario

(El anuncio publicitario preventivo)

¿Qué es?

El anuncio publicitario se propone dar a conocer al público un producto o servicio, a través de los medios de comunicación, con el objetivo de motivar una acción. La publicidad puede ser comercial, política o preventiva.

En la publicidad hay que considerar:

- el emisor: el que quiere dar a conocer el mensaje, que puede ser una empresa, un partido político, un museo, un ministerio…

- el receptor: el que recibe el mensaje, es decir el público

- el mensaje: lo que se quiere dar a conocer

- el medio: por donde se da a conocer el mensaje (la televisión, la radio, la prensa escrita, las vallas publicitarias…).

Como están dirigidos a la promoción de un artículo, producto o servicio, los anuncios publicitarios tienen un propósito persuasivo.

Características del anuncio publicitario

Estructura	Puede variar la estructura, pero en general muestra los siguientes rasgos: • Texto corto y puntual, rápido de leer, fácil de recordar. • Acompañado de imágenes u otros recursos gráficos. • Títulos y encabezamientos importantes, contienen el aspecto más "vendible" de lo que se publicita.
Enfoque y vocabulario	• Puede ser objetivo o subjetivo. • Vocabulario actual. • Adjetivos (calificativos, superlativos). • Verbos en presente, futuro e imperativo.
Registro	Formal o informal.
Organización	No hay un orden establecido pero títulos, textos e imágenes deben estar cuidadosamente distribuidos para lograr un efecto atractivo.
Estrategias	• Descripción. • Imágenes (fotografías, dibujos, gráficos). • Colorido. • Distintos tipos de letra (cambio de color, tamaño, fuente.) • Multiplicación de signos ortográficos (¡!, ¿?, …, " ", :, etc.). • Comparación. • Reiteración.

Para escribir bien

Seis consejos fundamentales para escribir un
anuncio publicitario:

1. Atrae la atención de tu público con un
    eslogan y una imagen que causen impacto.

2. Indica una ventaja de tu producto o servicio.

3. Demuestra que funciona.

4. Convence al consumidor de que tiene que
    aprovecharse de lo que le ofreces (y de lo
    que puede pasar si no lo hace).

5. Reduce el riesgo (ofrece una garantía, o la
    devolución del dinero en caso de que no
    quede satisfecho).

6. Dile al consumidor que actúe ya (*llama,
    visita, compra*).

Análisis de un anuncio publicitario preventivo

Título, letras grandes, colorido. ················· **Atrae la atención.**

Uso de una imagen para ····················· **causar impacto**

Texto descriptivo, explicativo y objetivo: ········ **definición. Datos precisos, vocabulario técnico, actitud imparcial del autor.**

Conjunto de instrucciones. Datos precisos, ··· **vocabulario específico, actitud objetiva del autor.**

Sello: invitación de tono subjetivo para ········ **combatir conjuntamente la enfermedad. Actitud parcial del autor ya que incluye su punto de vista. Letras grandes, colorido, recuadro**

Invitación para ampliar la información por ··· **vía telefónica**

Responsable o autor del mensaje ···············

NO DEJEMOS ENTRAR
AL MOSQUITO

El dengue es una enfermedad que se transmite a través de la picadura del mosquito *Aedes Aegypti* que se cría en objetos que acumulan agua en nuestras casas y sus alrededores.

- **Limpia y desmaleza patios y jardines.**
- **Tira latas, botellas y neumáticos.**
- **Tapa tanques y depósitos de agua.**
- **Coloca boca abajo baldes y palanganas.**
- **Cambia el agua de floreros y de bebederos de animales.**
- **Elimina el agua de platos y portamacetas.**

JUNTOS CONTRA EL
DENGUE

PARA MAYOR INFORMACIÓN PUEDE
LLAMARNOS TODOS LOS DÍAS DE 9 A 16 HS
0-800-222-1002

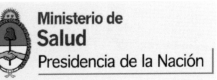

Ministerio de
Salud
Presidencia de la Nación

Taller de textos

1. Busca en un periódico o en una revista dos anuncios publicitarios. Encuentra un anuncio de un producto comercial y uno de una campaña preventiva.

   - Pégalos en tu cuaderno.

   - Señala en los anuncios sus características.

   - Comenta por escrito esas características, poniendo ejemplos concretos de los textos que demuestren tus argumentos.

2. Piensa en un producto comercial o en una campaña preventiva, y escribe un anuncio siguiendo los consejos de esta unidad.

© Advance Materials 2011

4: El retrato de una persona

¿Qué es?

Un retrato es una descripción de un personaje, presentando sus **cualidades físicas y de personalidad**.

Con mucha frecuencia los textos presentan retratos parciales, donde sólo se muestran características físicas, o bien, a la inversa, se dejan de lado las características físicas y sólo se presentan aspectos de la personalidad. Esto ocurre con frecuencia cuando se ofrecen perfiles profesionales de las personas. Los retratos de una persona pueden aparecer en los textos literarios, como novelas o cuentos, así como en artículos periodísticos y entrevistas, por ejemplo.

Características de un retrato

Estructura	**Presentación:** indicación de la persona que se va a describir. **Retrato propiamente dicho:** características físicas y/o de personalidad. **Conclusión:** reflexiones y evaluaciones.
Enfoque y vocabulario	• Puede ser objetivo o subjetivo. • Numerosos adjetivos calificativos. • Pocos verbos.
Registro	Puede ser formal o informal.
Organización	• Puede tratarse de un texto independiente o bien aparecer paulatinamente a lo largo de una obra más extensa (se suman características progresivamente).
Estrategias	• Imágenes de todo tipo. • Ejemplos. • Comparaciones.

Análisis de retratos en dos textos

Retrato parcial

Presentación de aspectos físicos

Recursos

Enfoque y registro

Titulo del texto: ····>

Imágenes y memorias del último viaje de Julio Cortázar

por Luis Alemany

La silueta larguísima, la cara escondida detrás de una espesa barba negra y de unas enormes gafas, la ropa y el calzado modestísimos.

<····**Enumeración de características: muchos adjetivos; ningún verbo.**

Tono objetivo / subjetivo.

Registro formal.

Retrato parcial	Presentación de aspectos de personalidad (perfil profesional)	Recursos	Enfoque y registro
	Patricia Araque, Atalaya formación		Tono objetivo / subjetivo
Titulo: ·······➤	**Que tu proyecto sea tu vida**		
	Como le cuesta definirse apela a quienes tiene cerca. Su madre dice que es trabajadora y perseverante, su marido que es muy solidaria y sus amigos destacan su sentido del humor.	◄·· Caracterización a través de lo que piensan otros	Registro formal
	Siempre vinculada al marketing, fundó hace cinco años su propia empresa de formación — Atalaya — un proyecto que inició con mucha ilusión.		Más objetivo
	Madrileña, de 30 años y casada con su compañero de toda la vida,	◄·· Adjetivos	
	Patricia Araque es licenciada en Publicidad y RRPP por la Universidad Complutense de Madrid y tiene un Máster en Dirección Comercial y Dirección de Marketing por el Instituto de Directivos de Empresa.	◄·· Oraciones con verbo: presentan trayectoria Adjetivos en oraciones sencillas: presentan datos biográficos	
	Ella dice: Vivo constantemente en medio de un proceso que está en marcha, comenzando algo, caminando.	◄·· Caracterización propia	Más subjetivo
	(www.mujeresycia.com, texto adaptado)		

Taller de textos

1. Busca en un periódico, revista, Internet o cualquier otro medio de comunicación, un retrato.

- Pégalo en tu cuaderno.

- Señala en el texto sus características.

- Comenta por escrito esas características, poniendo ejemplos concretos del texto que demuestren tus argumentos.

2. Escribe el retrato de un personaje que te resulte de interés. Sigue el modelo de los retratos que has visto en esta unidad para hacerlo.

5: La crítica cinematográfica

¿Qué es?

La crítica cinematográfica, o crítica de cine, consiste en analizar y evaluar películas. Suele difundirse en periódicos, revistas y otros medios de comunicación. Algunos ejemplos de tipos de crítica son: crítica literaria, crítica teatral, crítica cinematográfica, crítica televisiva, crítica musical, crítica taurina, crítica deportiva, crítica gastronómica…

Aunque actualmente se encuentra también en Internet, la crítica cinematográfica es originalmente un tipo de texto periodístico. Los textos periodísticos son principalmente textos informativos, que transmiten información al lector (como la noticia y el reportaje), o textos de opinión, que comentan, enjuician y valoran la información según el punto de vista del autor o de la publicación (como por ejemplo el editorial, el artículo de opinión, las cartas al Director, la columna y la crítica).

La crítica periodística es un tipo de texto periodístico de opinión, puesto que consiste en expresar un juicio de valor sobre producciones artísticas o culturales. También tiene una parte analítica o expositiva ya que debe incluir información además de la opinión del crítico, quien suele ser un especialista en los temas que juzga.

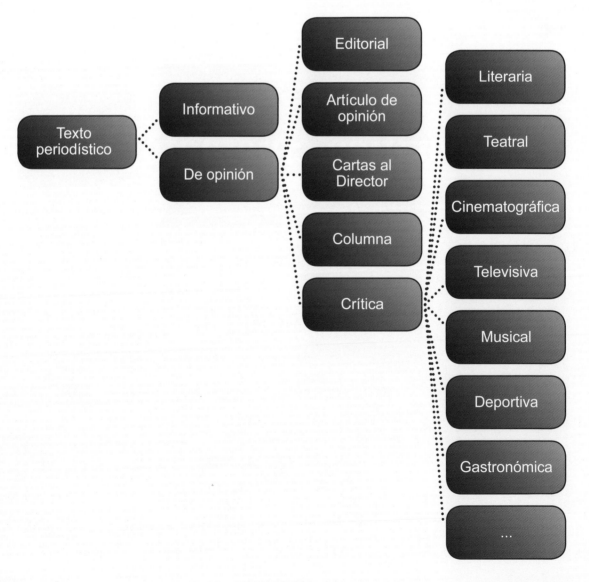

Características de la crítica cinematográfica

Estructura	**Inicio:** ficha con los detalles objetivos.
	Resumen del argumento.
	Cualidades positivas.
	Cualidades negativas o mejorables.
	Final: puede aparecer una puntuación de 1 a 10 o una recomendación.
Características	• Consiste en reseñas de estrenos de películas.
	• Expresa un juicio razonado sobre una película.
	• Debe contener un resumen del argumento (pero sin dar a conocer el desenlace) y su descripción.
	• Además de la opinión, debe basarse en datos e información concretos y veraces.
	• El crítico ha de ser respetuoso y no hacer juicios extremos.
	• Influyen poderosamente en el posible lector.
Registro	Formal.
	El crítico puede darle un tono personal: humorístico, irónico, etc.
Lenguaje y estilo	• Predominio de los verbos en tercera persona (tono respetuoso): "Sería muy recomendable esta película…".
	• Adjetivos positivos: "espectacular", "sublime", "emocionante".
	• Posibles apelaciones al lector: "Si está buscando una película…".

Análisis de una crítica cinematográfica

Frida

(15)

☆☆☆☆☆

Título: Frida
Dirección: Julie Taymor
País: USA
Producida por: Miramax Home Entertainment (2003)
Reparto: Salma Hayek como Frida y Alfred Molina como Diego Rivera
Duración: 123 minutos
Idioma: Inglés o francés con subtítulos en español

Ficha técnica inicial: ············➤ **información concreta y objetiva**

Título de la crítica ···············➤

Crítico/a (autor/a) ···············➤

Resumen del argumento y ·······➤ **datos concretos, objetivos y veraces**

Cualidades positivas ··············➤

Adjetivos positivos: ··············➤ **"sublime", "espectacular"**

Cualidades negativas ···········➤ **o mejorables**
Persona verbal: 3ª ···············➤ **("se enfoca")**
Apelación al lector:···············➤ **"si está buscando… "**

Calificación ·····················➤

La turbulenta Frida

CRÍTICA por Marcos Salinas

Nominada para seis Oscars en 2002, incluyendo a Salma Hayek en la categoría como mejor actriz, Frida es la película triunfante acerca de la vida de la artista más famosa en México, Frida Kahlo. Esta película es una excelente introducción a Frida Kahlo… su vida y su turbulento matrimonio con el famoso muralista Diego Rivera.

La actriz Salma Hayek fue la promotora de este proyecto y acertó plenamente al dejar al frente a la directora Julie Taymor, muy capacitada para llevar al cine una historia tan emotiva e intensa.

Aunque la actuación de Hayek es sublime, sus compañeros de reparto no se quedan atrás. Alfred Molina, que encarna a Diego Rivera, está espectacular. La directora ha logrado extraer lo mejor de cada actor.

Sin embargo, la película se enfoca quizás demasiado en la cara oscura y negativa de la vida de Frida y no lo suficiente en "Frida, la artista". Si está buscando una película acerca de sus obras… ésta no es la adecuada. Uno de los documentales sobre sus obras sería una elección más acertada.

Calificación: 6 / 10

Taller de textos

1. Busca en un periódico, revista, Internet o cualquier otro medio de comunicación, una crítica cinematográfica.

   - Pégala en tu cuaderno.

   - Señala en ella las diferentes partes o características de una crítica cinematográfica.

   - Comenta por escrito esas características de la crítica seleccionada, poniendo ejemplos concretos del texto que demuestren tus argumentos.

2. Escribe tu propia crítica cinematográfica basándote en alguna película que hayas visto recientemente. Sigue el modelo de la película de Frida para hacerla.

6: La biografía

¿Qué es?

Una biografía es una historia narrada sobre los hechos significativos de la vida de una persona.

Características de las biografías

Estructura	**Introducción**: presentación de la persona biografiada.
	Desarrollo: narra los hechos más relevantes de su vida y los describe.
	Conclusión: cierre del escrito y valoración de la importancia de la persona.
Características	• Narra los acontecimientos destacados de la persona biografiada.
	• Se redacta en tercera persona.
	• Suele tener la forma de narración expositiva.
	• El tono es objetivo e impersonal.
	• Contiene datos concretos sobre fechas, nombres y lugares.
	• Punto de vista neutral, sin críticas, adulaciones ni opiniones personales.
Registro	Formal.
Lenguaje y estilo	• El uso de párrafos es fundamental para comunicar ideas diferentes y facilitar la comprensión del lector.
	• Los conectores temporales se usan para relacionar adecuadamente tanto las frases como los párrafos.
	• Se utiliza un vocabulario accesible para todos, dentro del estilo formal requerido.
	• Uso apropiado de los tiempos verbales, adaptados a la situación. Entre otros, suelen utilizarse los pretéritos de indicativo, fundamentalmente el perfecto simple o indefinido y el imperfecto, puesto que se trata de la narración de una vida. Lo habitual es utilizar la tercera persona del singular.

Para escribir bien

Para escribir una biografía, es importante seguir
estos pasos:

- Antes de empezar a escribir la biografía se
  debe pensar sobre quién se va a escribir:
  algún familiar, personaje histórico o famoso
  y hacer una investigación previa, recogiendo
  toda la documentación posible sobre la
  persona biografiada, desde su nacimiento,
  diferentes etapas de su vida, hechos
  significativos, hasta su muerte o el momento
  en que se escribe.

- Se pueden organizar los datos por orden
  cronológico, por interés, según los hechos
  que se quieran destacar, o empezar por el
  momento más destacado de la vida de una
  persona, y luego volver hacia atrás, para
  explicar cómo llegó a ese punto en su vida.

- La información debe ser verificable.

- Se debe situar a la persona en su contexto:
  familiar, social, cultural, o lo que sea
  relevante.

Análisis de una biografía

Título ···

Introducción ···

Desarrollo ··

Narra acontecimientos destacados ···············

Tono objetivo y punto de vista neutral ·········

Fechas y datos concretos ·························

Uso de conectores (en aquellos años) ·········

Tiempos verbales: pretérito indefinido ········
("le hizo", "luchó", "volvió") pretérito
imperfecto ("era", "esperaba")
Verbos en 3ª persona

Tiempos verbales: uso del presente ("es ····
asesinado") para dar más impacto al hecho

Conclusión ··

Che Guevara
[Ernesto Guevara]

Revolucionario latinoamericano (Rosario, Argentina, 1928 – Higueras, Bolivia, 1967). Ernesto Guevara de la Serna, apodado el *Che*, nació en una familia acomodada de Argentina, en donde estudió Medicina. Su militancia izquierdista lo llevó a participar en la oposición contra Perón. Desde 1953 viajó por Perú, Ecuador, Venezuela y Guatemala, descubriendo la miseria y la opresión dominante en algunas partes de América Latina. A partir de estos viajes participó en múltiples movimientos contestatarios, experiencias que lo inclinaron definitivamente a la ideología marxista.

En 1955 Ernesto *Che* Guevara conoció en México a Fidel Castro y a su hermano Raúl, que preparaban una expedición revolucionaria a Cuba. Guevara trabó amistad con los Castro, se unió al grupo como médico y desembarcó con ellos en Cuba en 1956. Instalada la guerrilla en Sierra Maestra, Guevara se convirtió en lugarteniente de Castro y mandó una de las dos columnas que salieron de las montañas orientales hacia el Oeste para conquistar la isla. Participó en la decisiva batalla por la toma de Santa Clara (1958) y finalmente entró en La Habana en 1959, poniendo fin a la dictadura de Batista.

El nuevo régimen revolucionario concedió a Guevara la nacionalidad cubana y le nombró jefe de la Milicia y director del Instituto de Reforma Agraria (1959), luego presidente del Banco Nacional y ministro de Economía (1960) y, finalmente, ministro de Industria (1961). Buscando un camino para la independencia real de Cuba, se esforzó por la industrialización del país, ligándolo a la ayuda de la Unión Soviética, una vez fracasado el intento de invasión de la isla por Estados Unidos y clarificado el carácter socialista de la Revolución cubana (1961). En aquellos años, Guevara representó a Cuba en varios foros internacionales, en los que denunció frontalmente el imperialismo norteamericano.

Su inquietud de revolucionario profesional, sin embargo, lo hizo abandonar Cuba en secreto en 1965 y marchar al Congo, donde luchó en apoyo del movimiento revolucionario en marcha, convencido de que sólo la acción insurreccional armada era eficaz contra el imperialismo. Relevado ya de sus cargos en el Estado cubano, el *Che* Guevara volvió a Sudamérica en 1966 para lanzar una revolución que esperaba fuera del ámbito continental: valorando la posición estratégica de Bolivia, eligió aquel país como centro de operaciones para instalar una guerrilla que pudiera irradiar su influencia hacia Argentina, Chile, Perú, Brasil y Paraguay.

Al frente de un pequeño grupo intentó poner en práctica su teoría, según la cual no era necesario esperar a que las condiciones sociales produjeran una insurrección popular, sino que podía ser la propia acción armada la que creara las condiciones para que se desencadenara un movimiento revolucionario.

Sin embargo, su acción no prendió en el pueblo boliviano; por el contrario, aislado en una región selvática en donde padeció la agudización de su dolencia asmática, fue delatado por campesinos locales y cayó en una emboscada del ejército boliviano en la región de Valle Grande, donde fue herido y apresado.

Fue asesinado poco después, en octubre de 1967, en la escuela del pueblo boliviano La Higuera, parece ser que por órdenes del ejército boliviano y —según algunas fuentes— aconsejado por la CIA. Expusieron su cadáver a los periodistas y curiosos en un lavadero, antes de enterrarlo en secreto.

Se salvó, sin embargo, su *Diario de campaña*, publicado en 1967. En 1997 los restos del Che Guevara fueron localizados, exhumados y trasladados a Cuba, donde fueron enterrados con todos los honores por el régimen de Fidel Castro.

(www.biografiasyvidas.com/biografia/g/guevara Texto adaptado)

Taller de textos

1. Busca en un libro, revista, Internet o cualquier otro medio, una biografía.

   - Pégala en tu cuaderno.

   - Señala en ella las diferentes partes y características de una biografía.

   - Comenta por escrito esas características de la biografía seleccionada, poniendo ejemplos concretos del texto que demuestren tus argumentos.

2. Piensa en una persona sobre la que quieras hacer una biografía: familiar, amigo, personaje histórico, actor, deportista, cantante…

   - Haz una investigación sobre esa persona: realizando entrevistas, buscando información en periódicos, libros, internet, mirando fotos, preguntando a diferentes personas… Busca el método más adecuado para el tipo de persona que sea.

   - Organiza toda la documentación que poseas sobre esa persona.

   - Selecciona los datos que consideres relevantes o de interés.

   - Sitúa a la persona en su contexto.

   - Escribe la biografía, usando como modelo la biografía del Che Guevara.

Señala las partes y las características de la biografía que has escrito.

7: El informe

¿Qué es?

Un informe es una exposición, oral o escrita, de las características o circunstancias de un suceso o asunto. Su finalidad es fundamentalmente instructiva. La información es metódica y los datos y las soluciones proceden de una investigación.

Como su nombre indica, el propósito de un informe es el de informar. Los informes pueden ser documentos públicos o privados, y muchas veces tratan de temas relacionados con los negocios, la educación, la ciencia, o la sociedad.

Características del informe

Estructura	**Título, autor y fecha del informe.** **Introducción:** tema, planteamiento y finalidad del informe. **Desarrollo**: explicación y exposición objetiva de los datos previos y de la información. **Resultados**: presentación y análisis crítico de la información respecto a los resultados de la investigación. **Conclusiones**: resumen de las ideas más importantes; logros y puntos débiles de los resultados de la investigación respecto al planteamiento inicial.
Enfoque y vocabulario	• Está escrito de manera objetiva. • El vocabulario suele ser específico, incluso técnico.
Registro	Formal.
Organización	• Suele tener título, y a veces un subtítulo. • Las distintas partes también pueden llevar títulos. • También puede tener tablas de contenido, apéndices, notas al pie de la página y referencias. • Bien estructurado y coherente de principio a fin, con conectores lógicos. • Dividido en párrafos, cada uno con una idea principal. • Pueden incluirse ilustraciones, gráficas, tablas…
Estrategias	• Datos específicos para justificar las afirmaciones. • Uso de cifras y estadísticas. • Uso de citas o extractos. • Explicaciones o reformulaciones de términos complejos. • Comparaciones y contrastes. • Diagramas, gráficos, tablas para acompañar el texto.

Análisis de un informe

Aunque este texto es un artículo aparecido en una revista, tiene muchas de las características de un informe.

Sobretítulo: contexto del informe ·····················

Título ··

Introducción ···
**Verbo en presente ("encuentran"):
estado actual de la situación**

Verbo en pasado ("apareció"): ·············
identificación precisa en el tiempo (1941)

Autor ··
Desarrollo ··

**Exposición de información y mención
del autor Umberto Eco como fuente
representativa (autoridad)**

Se centra en un libro y presenta su ···············
contenido. No hace valoración crítica.

**Presenta datos de la autora
como autoridad en el tema**

Conclusión: evolución y ·····························
significación actual del tema

LECTURAS DE LA OBRA DEL GRAN ESCRITOR ARGENTINO

Borges, 1976

¿Borges fue precursor de Internet?

Varios críticos encuentran en sus textos las claves de la intersección entre nueva tecnología y literatura. Un ejemplo es la idea de "biblioteca total" que aparecío en 1941 y que anunciaría la capacidad de Internet.

Por: Noam Cohen

Jorge Luis Borges parece un candidato inesperado al "hombre que descubrió internet". Sin embargo, un creciente número de comentaristas contemporáneos —ya se trate de profesores de literatura o de críticos culturales como Umberto Eco— concluye que, por más extraordinario y bizarro que parezca, Borges **prefiguró** la World Wide Web.

En un libro reciente, **Borges 2.0: From Text to Virtual Worlds (Borges 2.0: del texto a los mundos virtuales**), Perla Sassón-Henry explora las relaciones entre la internet descentralizada de YouTube, los blogs y Wikipedia y los cuentos de Borges, que "hacen del lector un participante activo". Sassón-Henry, profesora asociada del Departamento de Estudios del Lenguaje de la Academia Naval de los Estados Unidos, describe a Borges como alguien "del Viejo Mundo pero con una visión futurista".

Un grupo de relatos de Borges —entre ellos *Funes, el memorioso, La biblioteca de Babel* y *Tlön, Uqbar, Orbis Tertius*— se publicó en los Estados Unidos bajo el título de *Labyrinths* a principios de los años 60. Con sus bibliotecas infinitas y hombres que no olvidan, enciclopedias y mundos virtuales, así como portales que abarcan todo el planeta, los relatos pasaron a constituir un canon para los que se encuentran en la **intersección** de la nueva tecnología y la literatura.

(Clarín. Revista Ñ, 8 de enero de 2008 © The New York Times y Clarín. Texto adaptado)

Taller de textos

1. Busca en un libro, revista, Internet o cualquier otro medio, un informe.

   - Pégalo en tu cuaderno.

   - Señala en él las diferentes partes y características del informe.

   - Comenta por escrito esas características del informe seleccionado, poniendo ejemplos concretos del texto que demuestren tus argumentos.

2. Piensa en un tema sobre el que quieras hacer un informe.

   - Haz una investigación sobre ese tema buscando información en periódicos, libros, internet, mirando documentos, preguntando a expertos en ese tema (si fuera posible)…

   - Organiza toda la documentación que poseas sobre ese tema.

   - Selecciona los datos que consideres relevantes o de interés.

   - Sitúa el informe en su contexto.

   - Escribe el informe.

   - Señala las partes del informe que has escrito, y sus características.

 © Advance Materials 2011

8: Las instrucciones

¿Qué son?

Las instrucciones, o los textos instructivos, describen paso a paso lo que hay que hacer para llevar a cabo una acción. Estos textos sirven para dar órdenes, consejos o advertencias, o para explicar normas.

Ejemplos de textos instructivos:

- recetas de cocina

- reglas de un juego

- manuales de funcionamiento de un aparato

- guías de uso, empleo o aplicación de un producto

- medidas de prevención (enfermedades, peligros, etc.)

- reglamentos o códigos (club, banco, justicia, escuela, etc.)

- normas de convivencia (de un edificio, de un complejo habitacional)

- indicaciones para realizar ejercicios y pruebas en la escuela o universidad.

Características del texto instructivo

Estructura	Título, y a veces objetivo de las instrucciones. Organización en apartados, a veces con sus respectivos títulos. El texto puede estructurarse: • cronológicamente: se exige seguir las instrucciones paso a paso • lógicamente: generalmente este tipo de ordenamiento presenta relaciones de tipo causa / efecto o condición / consecuencia • por el rango o el grado de importancia: de mayor a menor, prioritario o secundario.
Vocabulario y estructuras lingüísticas	• Vocabulario específico pero claro. • Verbos mayormente en infinitivo o imperativo. A veces uso de las formas impersonales (se lava, se mantiene, no se comparte). • Sintaxis sencilla. • Uso de conectores secuenciadores (primero, después, finalmente).
Registro	Formal o informal.
Organización	Los títulos, textos e imágenes deben estar cuidadosamente distribuidos para lograr un efecto llamativo y una sensación de claridad.
Estrategias	• Imágenes para reforzar o clarificar los pasos a seguir. • Distintos tipos de marcas gráficas (números, asteriscos, guiones) para secuenciar o diferenciar la serie de pasos.

Análisis de un texto instructivo

Imagen institucional del Ministerio de
Salud que encabeza el texto y le da la
seriedad requerida ·······························➤

Título que explica el público al que ···············➤
se dirige el texto

Introducción que indica el ···························➤
objetivo del texto

Lista de las recomendaciones: ···················➤
lenguaje sencillo y preciso, uso
del infinitivo

Uso de viñetas para separar cada
recomendación

Distribución clara del espacio

Conclusión, en negrita para ······················➤
resaltarla. Se puede usar como
refuerzo de lo que se quiere lograr
(por ejemplo: "Si Ud. respeta
estas medidas de prevención,
las posibilidades de contagio
pueden ser mucho menores …").
En este caso es una información
complementaria.

Imagen que refuerza que se trata de ···············➤
medidas de prevención para toda la
comunidad y que involucran a todos

PÁGINA OFICIAL DEL MINISTERIO
DE SALUD DE LA NACIÓN SOBRE
PANDEMIA DE INFLUENZA

GRIPE **A**

Información para la comunidad

Las recomendaciones generales para evitar la transmisión de Influenza A (H1N1) son:

- Lavarse frecuentemente las manos con agua y jabón.

- Al toser o estornudar, cubrirse boca y nariz con un pañuelo descartable o con el ángulo interno del codo, y lavarse las manos inmediatamente.

- Evitar llevarse las manos a los ojos, la nariz o la boca.

- Evitar acercarse a personas con síntomas de gripe.

- Tener una alimentación variada y descansar un número suficiente de horas diarias.

- Ventilar y permitir la entrada de sol en la casa, oficinas y lugares cerrados.

- No saludar con besos ni dar la mano.

- Mantener especialmente limpios la cocina, el baño, manijas y barandas, juguetes, teléfonos y demás objetos de uso común.

- No compartir vasos, cubiertos, alimentos ni bebidas.

El uso de barbijos en las personas que no están enfermas de gripe no es una medida de prevención de esta enfermedad. Sólo es necesaria su utilización por parte de personal de salud que está a cargo de la atención de pacientes con sospecha de infección por virus de la gripe y enfermos.

(http://www.municipios.msal.gov.ar/h1n1/4_comunidad/info_comunidad.php)

   Prohibido fotocopiar

Taller de textos

1. Busca dos textos instructivos de distinto carácter (por ejemplo una receta de cocina, el manual de funcionamiento de un aparato, las reglas de un juego, o las instrucciones para montar un mueble).

   - Pégalos en tu cuaderno.

   - Señala en ellos las diferentes partes o características de los textos instructivos.

   - Comenta por escrito las características de uno de los textos, poniendo ejemplos concretos del texto que demuestren tus argumentos.

2. Escribe tus propias instrucciones, siguiendo el modelo de uno de los textos que has seleccionado. Luego analiza tu texto, indicando las diferentes secciones y los recursos (lingüísticos, gráficos) que has usado.

9: La carta informal

¿Qué es?

Una carta es un medio de comunicación escrito por un emisor (el remitente) y enviada a un receptor (el destinatario). Generalmente se envía en un sobre que lleva el nombre y la dirección del destinatario en el anverso, y el del remitente en el reverso. La carta informal es un texto de carácter privado, generalmente de tipo expositivo y descriptivo, dirigido a familiares o amigos.

Características de la carta informal

Estructura	Las partes de una carta informal son: **lugar y fecha** **encabezamiento** **cuerpo** **despedida** **firma** ocasionalmente: **posdata** (P. D.).
Enfoque y vocabulario	• íntimo • personal • directo • espontáneo
Registro	Informal.
Lenguaje	• coloquial • cercano a la expresión oral • Verbos predominantes en primera y segunda persona.

Partes de la carta informal

Lugar y fecha ···

Encabezamiento o saludo inicial ··············

A continuación suele ir una pregunta ···········
o exclamación que expresa cercanía:

Cuerpo

Esta es la parte donde se desarrolla el contenido. Tiene que haber una distribución en párrafos aunque la organización puede ser menos rigurosa que la de la carta formal. La extensión puede ser variable.

Algunos posibles comienzos del cuerpo de ··
la carta:

Algunos posibles cierres del cuerpo de ········
la carta:

Despedida ·······································

Firma ···

Suele haber dos formas:

• solamente el nombre, sin el apellido
• un sobrenombre o apelativo cariñoso.

Posdata (P. D.) ·································

Lo que se añade a la carta una vez concluida y firmada. Es de extensión breve y se escriben las siglas P.D. antes de la información adicional.

Santiago, 5 de enero de 2012.

5-01-12

Querido amigo

Querida Ana

Queridos mamá y papá

¡Hola Miguel!

¡Hola!

Mi querido tío

Mi queridísima abuela

¿Qué tal estás?

¿Cómo te ha ido?

¿Cómo lo estás pasando en ...?

¿Cómo está tu familia?

¡Cuánto tiempo sin verte!

¿Qué me cuentas?

Espero que te haya ido bien con...

Te felicito por...

Es una lástima que...

Disculpa por no haberte escrito antes pero...

Lo siento mucho por....

Ojalá lo estés pasando bien en...

Espero que me escribas pronto,

Venga, escríbeme pronto,

Bueno, que tengas una buena semana,

¡Pásalo bien!

¡Cuídate!

Nos vemos pronto,

Recuerdos a tu familia,

Besos

Un abrazo

Besos y abrazos

Tu amigo

Con mucho cariño

Tu sobrino favorito

Carlos / Rosa / Marina / tu hijito / mamá / Paco / Tita...

P.D. No te olvides de felicitar a la abuela el día de su cumpleaños.

P.D. Dale recuerdos a tus padres.

Análisis de una carta informal

Carta del Rey de España a su hijo Felipe

Lugar y fecha de la carta ··························

Saludo inicial ·······································

Pregunta que expresa cercanía ················

Comienzo del cuerpo de la carta ···············

Cuerpo de la carta ·······························

Cierre del cuerpo de la carta ·················

Despedida ··

Firma ···

Posdata ···

© Advance Materials 2011

Madrid 5 de septiembre de 1984

Mi queridísimo Felipe:

¿Qué tal lo estás pasando en Canadá?

Disculpa por no haberte escrito antes pero mis múltiples actividades reales me tienen, como bien sabes, muy ocupado.

A través del año, con mis numerosas obligaciones como Rey y con las que a ti te corresponden por tus estudios y la asistencia al colegio, pocas son las oportunidades que se nos presentan para cambiar impresiones con detenimiento y transmitirte por mi parte una serie de directrices y consignas que han de resultar de gran utilidad para ti en el futuro.

En el verano, durante las vacaciones, la necesidad de descansar y de cambiar de ambiente a fin de pasarlo lo mejor posible, tampoco nos deja tiempo para que tú y yo podamos tener contactos prolongados e intercambiar algunas ideas fundamentales.

Sin embargo, la experiencia de mi edad y sobre todo la adquirida a través de los intensos años de mi reinado, junto con el papel que a ti te está reservado en el porvenir, hacen muy necesario que te formule una serie de reflexiones, que espero que has de recibir con el natural interés que encierra el que procedan directamente de tu padre.

Por eso, ahora que debido a tu estancia en este colegio del Canadá, estás separado de la familia y de España, confío en que las cartas que me propongo dirigirte periódicamente, te ayudarán a comprender y actuar como corresponde al futuro heredero de la Corona.

Te voy a incluir en las sucesivas cartas algunas recomendaciones y consejos para que seas mi digno sucesor. Te ruego los leas con atención y te esfuerces en dejarlos grabados en tu mente.

Se te echa de menos y se te quiere mucho.

Un prolongado y realazo abrazo de tu padre.

Padre

P.D. ¿Es cierto que tienes una nueva novia? Espero que elijas bien y no olvides que la persona que comparta tu vida será tan importante para ti como para el futuro de la Monarquía.

Taller de textos

1. Busca en Internet, entre tus objetos personales o en otro medio, una carta informal.

   - Pégala en tu cuaderno.

   - Señala en ella las diferentes partes o características de una carta informal.

   - Comenta por escrito esas características de la carta seleccionada, poniendo ejemplos concretos del texto que demuestren tus argumentos.

2. Escribe tu propia carta informal. Sigue el modelo de la carta del Rey a su hijo para hacerla. Luego indica las distintas partes de la carta, como en el análisis que acabas de estudiar.

10: La carta formal

¿Qué es?

Una carta formal es un escrito de carácter formal dirigido a instituciones o a personas para realizar una petición o informar sobre asuntos trascendentales.

Para escribir bien

Antes de escribir la carta se debe pensar qué es lo que se quiere comunicar. La planificación previa es fundamental.

- ¿Cuál será la finalidad: petición, reclamación, solicitud, compra, venta...?

- ¿A qué tipo de receptor se dirige la carta?

- ¿Quién es el emisor? ¿Escribe a título personal, o en representación de una empresa o una institución?

- El tono ha de ser impersonal, objetivo y algo distante.

- La presentación será metódica y atenta a los detalles.

- Puede incluir propuestas, explicaciones o descripciones.

La carta será:

- **clara**: debe comunicar con nitidez el mensaje

- **precisa**: breve y concreta

- **completa**: contendrá toda la información necesaria

- **prudente**: cortés

- **a veces, persuasiva**: si su función es la de despertar el interés del receptor, se utilizará un **registro formal**, y el **tratamiento** también ha de ser **formal**: uso del pronombre **usted/ustedes** y el verbo correspondiente que concordará en tercera persona del singular o del plural. La persona verbal utilizada deberá mantenerse a lo largo de toda la carta.

Además conviene:

- hacer frases cortas para que el receptor de la carta la comprenda en una primera lectura

- usar párrafos claros para comunicar ideas diferentes y facilitar la comprensión del lector; los signos de puntuación y los elementos de cohesión servirán para relacionar adecuadamente tanto las frases como los párrafos

- utilizar un vocabulario accesible para todos, dentro del estilo formal requerido.

Partes de la carta formal

Identificación del remitente	Dirección y datos de la persona que envía la carta. Suele ir en la parte superior derecha o central. Los datos estarán escritos uno debajo de otro. Los más habituales suelen ser: • nombre de la empresa (cuando corresponda) • nombre y apellidos del remitente y si ocupa algún cargo • dirección postal • correo electrónico • teléfono / fax.
Lugar y fecha	**Ejemplo:** Montevideo, 5 de enero de 2011. Abreviado: 5-01-11 Suele ir debajo de los datos del remitente, a la derecha de la carta.
Identificación del destinatario	Dirección y datos de la persona a quien enviamos la carta. Suele ir a la izquierda, debajo o en otra línea diferente de la fecha y el lugar. A veces conoceremos todos los datos del destinatario y otras no. Los más habituales suelen ser: • nombre de la empresa (cuando corresponda y si se conoce) • nombre y apellidos del destinatario (si se conoce) y si ocupa algún cargo • dirección postal • correo electrónico • teléfono / fax.
Asunto	Pocas palabras que resuman el motivo principal de la carta. Suele ir a la izquierda, debajo de los datos del destinatario y antes del saludo inicial. Ejemplo: "ASUNTO: Solicitud de admisión en la Facultad de Medicina"
Saludo inicial	Se debe saludar al destinatario de forma cortés y siempre con formalidad. Se utilizan las fórmulas establecidas. Las más frecuentes son: • "Estimado señor o señora" (si no conocemos el nombre) / "Estimado Director…" • Distinguido señor / director/ gerente… • Estimado Sr Ruiz / Estimada Sra. Martínez

Cuerpo	Para empezar, se puede explicar de manera clara, breve y concisa el asunto del que trata, de forma que permita entender el resto de la carta. Algunos de los comienzos más habituales son:

- Le escribo para…

- El motivo de mi carta es…

- Me dirijo a usted con respecto a…

- Me dirijo a ustedes para…

Después de esta introducción, se desarrolla el contenido.

Tiene que haber una distribución en párrafos.

La organización será rigurosa.

No será muy extensa pero deberá contener toda la información necesaria y estar bien redactada.

Despedida	Se suele terminar la carta con una frase como:

- Agradeciéndole de antemano su atención,

- Esperando su respuesta, le saluda

- Esperando sus prontas noticias le saluda atentamente

- Muchas gracias por la atención prestada.

Breve frase y cordial para terminar la carta. Se utilizan fórmulas existentes, como por ejemplo:

- Atentamente,

- Le saluda atentamente

- Reciba un cordial saludo,

- Saludos cordiales,

Firma	Además de la firma, se escribe el nombre completo del remitente. Cuando sea oportuno, debajo del nombre completo se escribirá también el cargo o puesto de responsabilidad del remitente.
Ocasionalmente: posdata (P. D.)	Aunque no es muy común en las cartas formales, se puede añadir una posdata a la carta para destacar alguna idea, hacer una sugerencia, añadir algún olvido, etc. Tiene que ser de extensión breve, e ir precedida por las siglas P.D.

Análisis de una carta formal

Identificación del remitente ·····················

Identificación del destinatario ················

Lugar y fecha ·····································

Asunto ··

Saludo inicial ····································

Introducción ······································

Cuerpo de la carta ·······························

Cierre del cuerpo ································

Despedida ···

Firma y nombre del emisor ······················

Escuela de Cine El espectador
Calle Alcalá nº 83, 1º E
28006 – Madrid
Correo electrónico: espectador@cine.com
Tf. 915768300

Ana Gutiérrez Aguilar
Colegio de Secundaria Maestranza
Calle Triana, nº 5
31025 – Sevilla España
Correo electrónico: ana@intnal.com
Tf. 964851790

Sevilla, 28 de mayo de 2010

ASUNTO: Solicitud de admisión

Estimado Director de la Escuela de Cine:

Me dirijo a usted con el fin de solicitarle la admisión como alumna del primer curso en su prestigiosa escuela de cine para el próximo año escolar.

Soy una gran aficionada al cine en todas sus facetas pero lo que más me entusiasma es la actuación. Durante mis años de estudiante en la Escuela Secundaria he creado una agrupación juvenil, llamada Los amigos del cine, en la que era la encargada de seleccionar las obras tanto para verlas como para representarlas.

Por otra parte, he de añadir que en el colegio siempre he obtenido unas notas excelentes sobre todo en las asignaturas consideradas creativas: literatura, arte, drama, etc. Igualmente, como miembro del equipo de balonmano, hago regularmente bastante ejercicio por lo que estoy en una buena forma física. Considero que una apariencia saludable es un requisito imprescindible para llegar a ser una buena actriz.

Por último, le adjunto una fotografía mía reciente. La gente de mi entorno dice que tengo un gran parecido a Penélope Cruz, mi actriz favorita y mi modelo a seguir. Algún día me gustaría alcanzar los éxitos que ella ha conseguido.

Para mí sería un gran honor poder cursar los estudios de cine en su escuela.

Le agradezco de antemano su atención.

Atentamente

A. Gutiérrez

Ana Gutiérrez

Taller de textos

1. Busca una carta formal en algún libro, Internet o en cualquier medio.

   - Pégala o añádela a tu cuaderno.

   - Señala en ella las diferentes partes o características de una carta formal.

   - Comenta por escrito esas características de la carta seleccionada, poniendo ejemplos concretos del texto que demuestren tus argumentos.

2. Escribe tu propia carta formal. Sigue el modelo de la carta anterior para hacerla. Puedes escribir, por ejemplo, alguna solicitud de información a una universidad en la que estés pensando estudiar o cualquier otro tipo de carta formal que consideres oportuna.

11: El correo electrónico

¿Qué es?

El correo electrónico es un servicio de red que permite que los usuarios envíen y reciban mensajes rápidamente mediante un sistema de comunicación electrónico. Por medio de mensajes de correo electrónico se puede enviar, no solamente texto, sino todo tipo de documentos digitales. Es un sistema eficaz, rápido y gratuito, que está reemplazando al correo ordinario para muchos usuarios. El correo electrónico puede ser formal o informal, pero aun en los casos formales suele ser de tono más relajado que una carta.

Cuando escribes un correo electrónico, además del destinatario, tienes que incluir por lo menos la siguiente información:

- **asunto**: una descripción corta que verá la persona que lo reciba antes de abrir el correo.

- el **propio mensaje**: puede ser sólo texto, o incluir formato, y no hay límite de tamaño.

Además, se suele dar la opción de incluir archivos adjuntos al mensaje. Esto permite traspasar datos informáticos de cualquier tipo mediante el correo electrónico.

Para escribir bien

He aquí algunas normas básicas para escribir correos electrónicos.

- **Comprueba que has escrito bien la dirección del destinatario.**

- **Saluda y despídete adecuadamente.** Puedes usar las mismas convenciones que en las cartas formales o informales, dependiendo del contexto y el destinatario.

- **Usa bien los signos de puntuación.** Aunque los correos electrónicos suelen ser más informales que las cartas, asegúrate de que utilizas bien los signos de puntuación para que tu mensaje se entienda mejor.

- **Comprueba tu ortografía.** Muchas veces los correos electrónicos se escriben muy rápido y se mandan inmediatamente, pero es importante comprobar la ortografía y que al escribir no se han introducido erratas.

- **Separa los párrafos con líneas en blanco.** Esto ayuda a que tu mensaje sea más fácil de leer.

- **Formatea tu texto.** No hace falta formatear el texto de manera excesiva, pero las **negritas, cursivas y viñetas pueden hacer que tu texto sea más fácil de leer.**

- Puedes usar **emoticonos** con moderación para dar entonación a alguna frase o para indicar tus emociones pero no abuses de ellos, y sobre todo, no los uses con gente que no conoces o en un contexto más formal.

Análisis de un correo electrónico

Destinatario info <info@micasa.es>

tinatario

Cc:

Bcc:

nto del
reo · · · · · · · ⟫ Asunto: Apartamento en Corrubedo

isor · · · · · · · ⟫ Emisor: Rosa <rosarosa@micorreo.es>   Fecha: 12 marzo 2010 12:25 ⟸ Fecha

udo ·⟫ Buenos días,

Me gustaría reservar un apartamento en Corrubedo que he visto anunciado en la página web de su agencia. El número de referencia es 14273, y quisiera reservarlo para la semana del 24 al 31 de julio.

Es para 4 personas, dos adultos y dos niñas de 12 y 10 años.

¿Me puede indicar también si el precio del alquiler incluye todos los gastos?

pedida

⟫ Un saludo,

Rosa Sánchez

**Frases sencillas
y cortas. Párrafos
separados por líneas en
blanco.**

**No se usan emoticonos
ya que no se conoce al
destinatario.**

**Puntuación y ortografía
cuidadas.**

Taller de textos

1. Busca en Internet, entre tus correos personales o en otro medio, un correo electrónico formal o informal.

    - Pégalo en tu cuaderno.

    - Señala en él las diferentes partes o características de un correo electrónico formal o informal.

    - Comenta por escrito esas características del correo seleccionado, poniendo ejemplos concretos del texto que demuestren tus argumentos.

2. Escribe tu propio correo electrónico formal o informal. Sigue el modelo del correo que has visto en esta unidad, o el del correo que has encontrado en la actividad anterior.

12: La entrevista

(La entrevista de carácter argumentativo)

¿Qué es?

Una entrevista es un diálogo entre por lo menos dos personas: el entrevistador, que formula las preguntas, y el entrevistado, que responde.

El entrevistador:

- debe hacer preguntas claras

- debe preparar sus preguntas basándose en una investigación previa sobre el tema que se trate

- debe estar abierto a abrir o modificar sus preguntas según el fluir natural de la conversación

- también debe mantener una actitud de respeto y discreción hacia el entrevistado.

El entrevistado:

- es generalmente un especialista en un tema sobre el que se discute, o también puede ser un personaje reconocido socialmente por su actividad

- debe tratar de responder a las preguntas que se le hacen de la manera más clara posible

- debe intentar mantenerse dentro de la línea de lo que se pregunta para mantener la coherencia del diálogo.

Las entrevistas se pueden publicar como texto escrito en un periódico, una revista, o en Internet. Una entrevista presenta siempre una introducción previa a las preguntas en las que se presenta al personaje que va a ser entrevistado y el tema de la entrevista. Puede además incluir una conclusión o despedida.

A veces las entrevistas tienen un hilo argumentativo, es decir son textos de opinión, en la que se intenta convencer al lector de la hipótesis que se expone.

Como cualquier otro texto argumentativo, se pueden estructurar de la siguiente manera:

- **Introducción** (optativa)

- **Hipótesis** (la opinión expresada en su forma más clara)

- **Argumentos** (justificaciones que sostienen la hipótesis)

- **Conclusión** (optativa – ratificación de la hipótesis o proyecciones de la misma)

Análisis de una entrevista de carácter argumentativo

Estructura de la entrevista:

Título e hipótesis ···

Introducción: presentación de la entrevistada y de su especialidad ·······

Preguntas del entrevistador ···
– Uso de pronombre interrogativos ("¿Cómo…?")

Respuestas de la entrevistada ···

Presenta el tema y su experiencia dentro de él

Analiza las circunstancias sociales actuales

Opina sobre el tema

Hipótesis (reiteración)

Argumento 1

Argumento 2

Pregunta ("¿Qué…?") ···
– Presenta la pregunta a partir de la respuesta previa

Respuesta ···

- continúa el análisis;

- enfatiza la opinión sobre el tema.

Argumento 2

Argumento 3   Argumento 4

Argumento 5

Pregunta ("¿Cuál…?"). El nexo "entonces" introduce la nueva pregunta como continuación a la respuesta anterior. ·······················

Respuesta: ··

Propuesta 1   Argumento 6

continúa el análisis y la opinión;

– propone soluciones para el futuro.

Pregunta ("¿Cuál…?") ···

Gira hacia nuevo enfoque como cierre

Respuesta ···

Cierra con opinión **sobre el tema (lo que debería hacerse)**

Propuesta 2

(las propuestas funcionan a manera de conclusión)

La guerra contra los jóvenes

Rossana Reguillo es una investigadora prestigiosa en Ciencias Sociales, en Guadalajara (México). Actualmente trabaja sobre juventud, culturas urbanas, comunicación y medios masivos, con especial interés en la relación cultural entre la comunicación y los derechos humanos.

—*Según sus declaraciones: "la sociedad les declaró la guerra a los jóvenes", una expresión por demás provocativa. ¿Cómo explica esta posición?*

—Vengo trabajando en el tema de los jóvenes y las culturas juveniles durante más de 20 años, no solamente en México sino también en diversos países de América Latina y veo que a lo largo de estos años, especialmente a mediados de la década del 90, se da un proceso social muy dramático: la violencia ejercida contra los jóvenes desde algunos Estados, especialmente de los jóvenes pertenecientes a los sectores más desfavorecidos y vulnerables de la sociedad. Lo que preocupa es el silencio de la sociedad, que sigue sin ofrecer garantías de inclusión a sus jóvenes menos favorecidos.

Hacia el final de la década del noventa, hay un empobrecimiento estructural de los jóvenes latinoamericanos, es decir los jóvenes tienen una enorme dificultad de acceso a condiciones dignas de vida, con diferencias según distintos países de América Latina. Argentina, por ejemplo, ha logrado mantener ciertas garantías de acceso educativo, pero no es capaz de garantizar la inclusión en el mercado laboral.

—*Usted dice que hay un patrón similar de comportamiento por parte del Estado con respecto a los jóvenes en distintas ciudades de América Latina. ¿Qué aspectos abarca?*

—La fórmula de la "guerra contra jóvenes" se relaciona, por ejemplo, con las condiciones cada vez más precarias del empleo: los empleos duran poco tiempo y se pagan mal. Vemos también cómo aparecen continuamente notas periodísticas con contenido hipócrita, socialmente hablando, que hablan de "los jóvenes violentos, peligrosos, vinculados a las redes de la mafia", etc., pero el problema es que no se analiza por qué muchos jóvenes latinoamericanos ven en el robo y el crimen la única alternativa de solución.

—*¿Cuál es, entonces, el futuro?*

—Esta guerra de la sociedad contra sus jóvenes, y contra sus pobres, lo que ha producido es la expropiación de cualquier noción de futuro para muchos de estos jóvenes, cuya esperanza de vida no va más allá de los 20, 25 años. *Lo que hay que hacer es construir posibilidades de futuro diferentes para ellos.*

—*¿Cuál es el rol de los medios de masas frente a esta problemática?*

—*La sociedad debería tener mecanismos para exigirles a los medios de comunicación un trabajo más serio, más profundo, más reflexivo*, ya que los medios contribuyen a aumentar el problema.

(Héctor Carignano, www.sitiocooperativo.com.ar y www.parapensarelpais.com.ar/ paginaspensar/reguillo.html)

Taller de textos

1. Busca alguna entrevista, a ser posible de carácter argumentativa en un periódico o revista, o en Internet.

   • Pégala en tu cuaderno.

   • Señala en el texto las diferentes partes o características de la entrevista.

   • Comenta por escrito esas características, poniendo ejemplos concretos del texto que demuestren tus argumentos.

2. Transcribe el texto de alguna entrevista que hayas realizado. Ponle un título a la entrevista, y escribe también una breve introducción. Indica las partes constitutivas de la entrevista, y si se trata de una entrevista argumentativa o no. Justifica tu punto de vista.

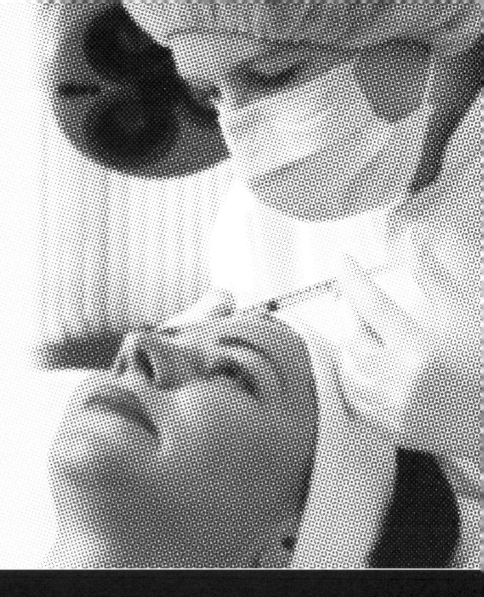

13: El editorial periodístico

¿Qué es?

El editorial es un artículo de opinión que explica, valora y juzga un tema un hecho de especial importancia en las noticias de actualidad. El editorial no está firmado por un periodista específico, sino que representa la opinión colectiva del periódico, o de la empresa que lo publica. Es un texto importante en los periódicos, y suele aparecer en un lugar preferente en la sección de opinión, generalmente en las primeras páginas de la publicación.

Las funciones del editorial son: explicar los hechos y su importancia, dar antecedentes (contextualización histórica), predecir el futuro, formular juicios morales o de valor y llamar a la acción.

Características del editorial periodístico

Estructura	**Título.** Tiene que ser atractivo y dar una idea de qué trata el artículo. **Cuerpo.** Debe: • atrapar al lector desde el comienzo. • ir al grano del asunto. • estar expresado de manera directa, contundente. • seguir un desarrollo lógico. **Cierre.** Debe contener el pensamiento central o el juicio directo, para que el lector comprenda claramente la opinión del periódico.
Enfoque	• Subjetivo: expresa la opinión del periódico. • Sencillo, claro.
Vocabulario	• Numerosos sustantivos y adjetivos. • Estilo ágil, redactado con fluidez, claridad y lógica. • Tono convincente que permita persuadir al lector para que comparta la opinión de los responsables del periódico.
Registro	Formal.
Características principales	• Exposición ordenada con un desarrollo lógico y un cierre que exprese la opinión de manera clara para que pueda ser comprendida por el lector. • Texto conciso pero que profundice en un tema y no presente solo ideas superficiales. • Juicios u opiniones importantes, durables, que influyan en las ideas y criterios de los lectores.

Análisis de un editorial periodístico

Título que contiene el tema principal. ·············
Tema de gran actualidad.
Entra directamente en tema. ·····················
Contextualiza históricamente el tema.
Argumenta.

Opinión / argumento sobre el pasado: ·············
avances pero también sufrimientos.

Opinión / argumento sobre el presente ············
en el mismo tono que la opinión anterior:
beneficiarios pero también marginados

Tono equilibrado, convincente. ·····················
Introduce una variante en el argumento anterio
beneficiarios pero dentro de las beneficiarios
también hay víctimas.

Ejemplo 1: comunicación y conocimiento pero
también adicción y aislamiento.

Ejemplo 2: avance pero cuestionable moralmer

Juicio sobre el desarrollo científico y ············
tecnológico. Tono convincente y medido.

Cierre contundente. Juicio: igualdad de ·········
oportunidades pero también no permitir
que todos estos avances nos alejen de
nuestra condición humana. Llama al
lector a compartir esta opinión.

EDITORIAL

Ética, ciencia y tecnología

Entre la segunda mitad del siglo XVIII y el comienzo del siglo XIX se vivió una etapa de cambios sorprendentes: la Revolución Industrial. Durante ese período, se mejoró considerablemente la calidad de vida de muchos habitantes del planeta. Esta época abrió paso a la fabricación de productos en serie; permitió descubrir nuevos horizontes en el campo de las investigaciones científicas y tecnológicas e instaló la idea de las posibilidades ilimitadas de la mente humana.

Los avances fueron importantísimos pero el progreso se realizó sobre el trabajo y el sufrimiento de muchos. Los mineros, los obreros, las mujeres y los niños fueron explotados, trabajaron jornadas muy extensas y apenas recibieron unas monedas de salario para alimentarse.

Los tiempos han cambiado y la humanidad ha evolucionado hacia una sociedad de consumo. Los beneficiarios del desarrollo científico y tecnológico son cada vez más numerosos pero la cantidad de trabajadores, muchas veces esclavos, de países pobres que fabrican esos productos no ha disminuido.

Cada etapa en el desarrollo de la humanidad ha tenido sus ventajas y desventajas. En nuestro siglo XXI, se da la contradicción de que muchas veces aquellos que se benefician de los descubrimientos científicos y las nuevas tecnologías terminan siendo también víctimas de estos avances.

Por ejemplo, el desarrollo de Internet ha permitido comunicarse a hombres y mujeres de diferentes países y los niños de escuelas rurales han podido conocer animales, ciudades y plantas de geografías lejanas y muy diferentes a la suya. Pero algunas personas se han transformado en adictos al uso de Internet y sus conductas y hábitos han cambiado, alejándolos del contacto con sus compañeros, amigos y familiares.

La medicina estética ha avanzado enormemente y ha generado un culto al cuerpo donde la belleza y la búsqueda de la eterna juventud se han convertido en el único objetivo de muchos hombres y mujeres.

El desarrollo científico y tecnológico no es completamente maravilloso ni sus resultados son totalmente negativos. Todo depende del uso que se haga de esos descubrimientos. Su empleo debe ser apropiado o su utilización resulta incorrecta.

La humanidad debe realizar un debate fundamental sobre el uso de la ciencia y la tecnología, debe establecer reglas que favorezcan la igualdad de oportunidades de acceso a los beneficios de los descubrimientos pero también debe evitar que estos avances alejen al hombre de su propia naturaleza.

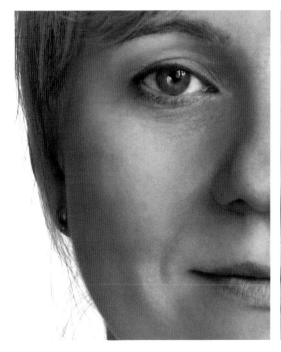

Taller de textos

1. Busca en un periódico un artículo editorial de un tema que te interese.

   - Pégalo en tu cuaderno.

   - Señala en él las diferentes partes o características de un artículo editorial periodístico.

   - Comenta por escrito los argumentos que se presentan, y las valoraciones y los juicios que se hacen.

2. Escribe tu propio artículo editorial sobre un tema actual que te interese. Sigue el modelo que has visto en esta unidad, o el del artículo que encontraste tú mismo en la actividad anterior.

14: El blog

¿Qué es?

El blog o *weblog* o bitácora es un espacio *web* que está compuesto por textos ordenados de manera cronológica y que provienen de uno o varios autores. Generalmente, cada blog presenta un tema determinado aunque algunos (especialmente los diarios personales) pueden remitir a una multiplicidad de temáticas. Los textos suelen ir acompañados de imágenes, vídeos y hasta publicidades. Desde el punto de vista comunicativo, el propósito del blog es opinar, exponer y argumentar.

Lo fundamental del blog es que permite expresar opiniones o ideas personales que son puestas en circulación por medio de la web y que llegan a todo el mundo que quiera leerlas. Esto hace que cualquiera de los potenciales lectores responda y exprese a su vez sus propias opiniones, convirtiendo al blog en un vehículo de comunicación interactiva. Por ello, funcionan frecuentemente como herramientas sociales, que permiten conocer a otras personas que se dedican o se preocupan por temas similares; por lo cual en muchas ocasiones sus participantes son considerados como una comunidad.

Tipos de blogs

Los blogs pueden ser:

* personales

* temáticos

* periodísticos

* educativos ("edublogs")

* empresariales o institucionales (generalmente este tipo de blog tiene un responsable, una cara y nombre visibles, que representan a la institución o empresa)

* políticos.

También hay:

* fotoblogs (compuestos principalmente por fotos)

* audioblogs (compuestos principalmente por documentos sonoros)

* vlogs (compuestos principalmente por vídeos).

Características del blog

Estructura	• Texto no demasiado extenso y puntual (entra directamente en el tema), de fácil lectura. • Visualmente atractivo (acompañado de imágenes, fondos coloridos de los textos y otros recursos gráficos). • Debe dar sensación de aire, de espacio, invitar al recorrido (un texto excesivamente compacto interfiere en la lectura de manera negativa). • Cada nueva entrada lleva un título breve, que indique el tema de la entrada y remita también al tema general del blog. • Numerosos enlaces que conectan diferentes secciones dentro y fuera del blog. • Información clasificada por fecha, categorías y etiquetas.
Enfoque	• Suele ser subjetivo.
Vocabulario	• Vocabulario actual y adecuado al tema. • Verbos fundamentalmente en presente pero también el pasado, en todas sus formas, para las partes narrativas.
Registro	• Suele ser informal (aunque también puede ser formal, en un blog empresarial o institucional, por ejemplo).
Organización	• Las entradas están fechadas. • Los textos pueden estar acompañados de fotos, animaciones, emoticones.
Estrategias	• Descripción. • Argumentación. • Reflexión personal.

Análisis de un blog

Esta es la presentación de un blog de cuentos infantiles.

Imágenes, colorido y recursos gráficos (recuadros, viñetas, diferentes tipos o tamaños de letra) contribuyen a hacer al blog visualmente atractivo

Imagen en colores de la Red de blogs a la cual pertenece este blog ·······················

Título del blog en colores. Seguido del texto de su presentación. El texto entra directamente en el tema del blog. ··············

Enlace con otra sección del blog que contiene el archivo o repositorio de cuentos

Hasta aquí el texto es narrativo ·················

El texto que sigue es descriptivo / ·············· instructivo

Uso de recursos gráficos:

– subtítulo de esta sección en negrita

– uso de negrita y cursiva para resaltar la información importante

– inserción de viñetas para organizar al información.

Argumentación y reflexión personal. Apela a despertar el interés del lector.

© Advance Materials 201

Foto de la autora ·····················▶

Te leo un cuento

Te leo un cuento es un repositorio de cuentos libres grabados, para niños invidentes.

Después de conocer algunas páginas con audiolibros o tiflolibros, empecé a buscar páginas con cuentos infantiles para chicos invidentes y no encontré nada específico que fuera libre.

Por eso tuve ganas de llevar adelante esta idea: cuentos infantiles, pero cuentos libres, en audio y en texto, pensados para chicos invidentes o para hijos de padres invidentes o sordos o con alguna limitación, para poderles leer un cuento cada día antes de ir a dormir.

¿Querés participar grabando un cuento? Es importante que sepas tres cosas:

- Los cuentos están grabados y se suben en formato MP3 y OGG, para que se puedan escuchar con cualquier dispositivo.

- También están publicados sus textos, para padres sordos o para que se pueda leer el contenido antes de escucharlo. Quien colabore con un cuento grabado debe enviar también el texto.

- **Es muy importante que la licencia de los cuentos sea libre,** porque de esa manera dejamos de convertir a los usuarios en delincuentes cuando copian y comparten el material. También es muy importante que quien use estos cuentos mencione al autor, respetando su licencia. Si no sabés de qué se trata esto de las licencias libres, no dudes en preguntar haciendo un comentario en mi correo.

A ningún chico le gusta que le lean muchas veces el mismo cuento, salvo que sea un cuento que él haya elegido. Por eso, mi sueño es poder tener —al menos— un cuento para cada día del año. ¿Nos ayudás?

(http://irisfernandez.com.ar/betaweblog/?p=787)

Taller de textos

1. Mira los tipos de blogs que se mencionan en esta unidad, y busca dos blogs de distinto tipo.

   - Imprime una página de uno de los blogs que has encontrado, y pégala en tu cuaderno.

   - Señala en ella las diferentes partes o características de un blog, según lo que has aprendido en esta unidad.

   - Comenta por escrito esas características, poniendo ejemplos concretos del texto que demuestren tus argumentos.

2. Escribe tu propia entrada para un blog personal o temático. Sigue el modelo que has visto en esta unidad, o en los blogs que has encontrado tú mismo en la actividad anterior.

15: El artículo periodístico

(El reportaje de interés humano)

¿Qué es?

Hay muchos tipos de artículos periodísticos. El reportaje es un tipo de artículo periodístico en el que se narran sucesos que pueden ser de actualidad o no. En este tipo de texto se explican acontecimientos de interés público, con palabras e imágenes, desde una perspectiva actual. En el reportaje se combinan distintos géneros periodísticos, como la noticia y la entrevista, y también se suelen incluir observaciones propias del reportero.

Tipos de reportajes

Los reportajes pueden ser de distintos tipos, por ejemplo:

- **De interés científico o cultural**: En estos reportajes se destacan los avances y descubrimientos científicos más recientes, o acontecimientos culturales pero de manera accesible, para que sean comprensibles para lectores que no son especialistas en el tema.

- **Investigativos**: El reportaje investigativo requiere una labor casi detectivesca del periodista para captar detalles completamente desconocidos sobre un hecho en particular. A veces el reportero utiliza pruebas y documentos confidenciales, y en estos casos no revela nunca la identidad de sus fuentes. Este tipo de reportaje habitualmente contiene cifras actualizadas y datos estadísticos en relación con el tema.

- **De interés humano**: Se centra en una persona o en una colectividad, dando relevancia a un aspecto de su vida o a una experiencia.

Características de los reportajes de interés humano

Los reportajes de interés humano suelen relatar experiencias, y ofrecen también una apreciación crítica de esa experiencia. Por eso contiene elementos objetivos y subjetivos.

Estructura	**Título**: atractivo y con la información principal. **Introducción**: una síntesis del contenido del artículo. **Cuerpo**: • presentación descriptiva y / o narrativa de la experiencia a través de sus principales líneas, que generalmente se estructuran como respuestas a las siguientes preguntas: ¿quién?, ¿dónde?, ¿cuándo?, ¿cómo? , ¿por qué?, ¿para qué? • apreciación / valoración / evaluación crítica de la experiencia. **Comentario o conclusión**: que completa la evaluación de la experiencia.
Enfoque **Vocabulario**	Los reportajes de interés humano suelen ser: • **objetivos** en la información sobre la experiencia • **subjetivos** en la evaluación de la misma El vocabulario es sencillo, claro, ágil
Registro	Suele ser formal.
Rasgos lingüísticos	• Verbos en presente (con valor descriptivo). • Verbos en pasado (con valor narrativo). • Presencia de numerosos sustantivos y adjetivos (descriptivos). • Conjunciones o nexos que marcan la relación entre las circunstancias.
Organización	Exposición ordenada: presentación de la experiencia, detalles, apreciación o evaluación de la misma.

Análisis de un artículo periodístico (El reportaje de interés humano)

Título claro y atractivo, que llama ················· la atención del lector

Introducción o copete (sintetiza ················· el contenido del artículo)

Información específica: ¿quién ¿dónde? ·········· ¿cuándo se llevó a cabo la experiencia?

Clave de la experiencia: encuentro·················· intercultural

Historia general de la experiencia ················· (primera parte):

• circunstancias que le dieron origen

• objetivo principal

• ejemplo

• Se incluyen **citas** de varios entrevistados

Historia del proyecto (segunda parte): ··············

• circunstancias sociales especiales que le ·········· dieron origen (inclusión de nexos temporales y explicativos: "cuando", "por eso", "de ahí")

• objetivos específicos ·······························

• historias personales ·······························

• Evaluaciones de la experiencia a través de ······· las voces de los entrevistados

Conclusión: evaluación de la experiencia a ········ través de los buenos resultados obtenidos por medio de las voces de un entrevistado y del autor ("un logro")

Valorar las propias raíces ayuda a surgir

Este colegio dirigido a jóvenes mapuches intenta con éxito que sus alumnos se integren a la sociedad sin sacrificar su identidad cultural en el camino.

El aniversario del Liceo Particular Guacolda se festejó dos veces: el martes, sus profesores y alumnos agradecían a Dios en una misa, y el miércoles, los mismos profesores y alumnos hacían una fiesta mapuche para honrar a **Ngünechen**, su máximo dios.

Una dualidad que refleja el encuentro cultural que intenta lograr este colegio de Cholchol, Chile, que atiende a 390 alumnos, 87% de los cuales es mapuche.

"Vimos que el currículum nacional no respondía a las necesidades específicas de estos jóvenes, a su 'realidad doble', así es que decidimos apostar por la interculturalidad", explica Ariel Burgos, presidente de la Fundación Instituto Indígena, que sostiene el colegio.

El fruto de ello es este liceo, un establecimiento gratuito, de carácter técnico-profesional, donde la lengua mapuche (el mapudungún) es una asignatura obligatoria, un lugar en el que se trasnocha esperando el Año Nuevo mapuche en junio y que cuenta con profesores que son jefes mapuches.

Se trata de un proyecto que ha tardado 23 años en consolidarse. "En un escenario de alta discriminación, el colegio le hace sentir al adolescente que su patrimonio cultural es un plus para su valor como profesional, lo que fortalece su autoestima", explica el director, Hernán Gutiérrez.

Del aula al trabajo

Cuando el colegio partió, "teníamos mucho entusiasmo, pero pocos conocimientos de qué hacer", cuenta Burgos. Por eso, las primeras especialidades que se ofrecieron —vestuario y artesanía— tenían un marcado espíritu conservacionista. Una visión que ha cambiado con el tiempo.

Gracias a una serie de estudios y talleres, en los '90 la fundación notó que los mapuches tenían problemas para ser admitidos en los servicios públicos y en los de salud. De ahí surgió la idea de que el colegio podía formar profesionales que facilitaran el acceso a estas áreas.

Por eso nacieron las actuales especialidades "interculturales". La idea en cada una de ellas es integrar los conocimientos del mundo convencional con los del universo mapuche, de modo que los alumnos puedan moverse entre ambos mundos sin problemas y también lograr algunas "fusiones".

Esto ha beneficiado incluso a ese 13% de estudiantes que no son indígenas, como Leonor Ruiz, quien egresó de salud intercultural. Llegó al colegio, desde el campo, por la especialidad y no le interesaba mucho el tema intercultural. Hoy, sin embargo, agradece la formación que recibió, pues ha sido vital para acoger adecuadamente a los muchos pacientes mapuches que llegan al pabellón ambulatorio del Hospital Regional de Temuco, donde trabaja.

Historias como la suya son las que motivan a los jóvenes a salir de sus comunidades, en el campo, y llegar al internado del liceo. Es lo que hizo Doris Painefil, quien llegó desde el lejano Puerto Domínguez a Cholchol para estudiar gastronomía. Salió hace tres años y desde entonces trabaja en la pastelería de uno de los supermercados de la cadena local Muñoz Hnos.: "Lo que aprendí en el colegio me ha servido harto en la cocina y en la relación con los demás".

Su jefe, Leopoldo Contreras, destaca que los alumnos llegan bien preparados y se afianzan en sus conocimientos con facilidad: "No por nada, cuatro de nuestros ocho pasteleros locales son ex alumnos del Guacolda". De hecho, el colegio estima la inserción laboral de sus alumnos de salud y gastronomía en un 70%. Un logro, considerando que el 91,6% de sus estudiantes es socialmente vulnerable.

Autor: Manuel Fernández Bolvarán

(Fuente e imágenes: http://diario.elmercurio.cl; www.educarchile.cl)

Taller de textos

1. Busca en un periódico o una revista un reportaje de interés científico o humano, o de carácter investigativo.

    *   Pégalo en tu cuaderno.

    *   Señala en él las diferentes partes o características del reportaje, según lo que has aprendido en esta unidad.

    *   Comenta por escrito esas características, poniendo ejemplos concretos del texto que demuestren tus argumentos.

2. Escribe un reportaje de interés humano sobre tu colegio, tu ciudad, o algún grupo al que pertenezcas. Sigue el modelo que has visto en esta unidad.

16: La reseña literaria

¿Qué es?

La reseña o crítica literaria, como la crítica cinematográfica (sección 5), es un tipo de crítica periodística que consiste en analizar y evaluar obras de literatura.

Características de la reseña literaria

Son similares a los de la crítica cinematográfica:

Estructura	**Inicio**: ficha con los detalles objetivos.
	Resumen del argumento, o contexto histórico o social de la historia.
	Cualidades positivas.
	Cualidades negativas o mejorables.
	Puede haber una **recomendación o valoración final**.
Características	• Expresa un juicio razonado sobre un libro.
	• Debe contener un resumen del argumento y su descripción.
	• Además de la opinión, debe basarse en datos e información concretos y veraces.
	• El crítico ha de ser respetuoso y no hacer juicios extremos.
	• Influyen poderosamente en el posible lector.
Registro	El registro suele ser formal.
	El crítico puede darle un tono personal: humorístico, irónico…
Lenguaje y estilo	• Oraciones con estructura muy clara.
	• Predominio de los verbos en tercera persona .
	• Adjetivos positivos: "espectacular", "sublime", "emocionante".
	• Posibles apelaciones al lector: "Si está buscando un libro…"

Para escribir bien

Estos son algunos de los temas a considerar al escribir una reseña literaria

- Título y efecto que produce.

- Tema del que trata.

- Género literario al que pertenece.

- ¿A qué tipo de receptor o lector está destinada la obra?

- Datos del autor.

- Si la obra es narrativa:

¿Quién es el narrador?

¿Está escrita en primera o tercera persona?

- Información sobre el contexto (geográfico, histórico, social) en el que se sitúa la narración.

- Personajes principales y secundarios.

- Protagonistas / antagonistas.

- Presentación del libro:

La organización desde el comienzo del libro, siguiendo por su desarrollo y el final, ¿son coherentes?

Los capítulos, si procede, ¿están en orden cronológico? ¿Tienen algún otro tipo de organización?

- Contenido:

¿Es interesante/fascinante/convincente/vacío/ banal?

- Estilo:

¿Es fácil o difícil de comprender?

¿Utiliza un lenguaje culto o sencillo?

¿Hay muchos recursos literarios?

¿Utiliza alguna particularidad especial? (ejemplo, el Realismo mágico).

- ¿El final es creíble, razonable, confuso, increíble…?

- Valoración final de la obra.

Análisis de la reseña de un libro

Ficha inicial con información ·········· concreta sobre la obra

Título de la reseña ·····················

Autor de la reseña ·····················

Resumen del argumento y datos ·············· concretos, objetivos y veraces.

Predomina la 3ª persona

Cualidades positivas ·····················

Cualidades negativas o mejorables

Valoración personal ·····················

Recomendación al lector ··············

© Advance Materials 2011

Título: Frida Kahlo - Una vida abierta

Autor: Raquel Tibol

Editorial: Editorial Oasis de México (1983)

Contenido: 152 páginas; 40 páginas con ilustraciones

ISBN: 9686052771

La vida abierta de Frida

RESEÑA de Gabino Prado

A través de los años se han escrito numerosos libros acerca de Frida Kahlo. Éste se diferencia de los demás en que fue escrito por alguien que conoció a Kahlo y vivió con ella en el último año de su vida, la famosa crítica de arte mexicana Raquel Tibol. Este libro presenta hechos recogidos de archivos médicos, cartas, el diario personal de Frida Kahlo, entrevistas personales y los propios recuerdos de Tibol del tiempo que pasó con Kahlo.

Un aspecto positivo de este libro es que está escrito con un lenguaje simple, no hay necesidad de mantener un diccionario a mano como en otros libros de Kahlo que he leído. Aunque el libro tiene algunos puntos interesantes

23

esperaba más. Sentí que había demasiada información no realmente relevante a Kahlo: discusiones de otros artistas, una historia de arte y una historia de México.

El libro no está escrito en orden cronológico y, sin advertencia previa, divaga de un asunto a otro y vuelta al principio. Había esperado más páginas de entrevistas personales con Kahlo, pero hay pocas. Hay importantes períodos en la vida de Kahlo que no se mencionan apenas, como el tiempo que pasó en Estados Unidos. No obstante, vale la pena el leer el punto de vista de Tibol.

www.fridakahlofans.com.

Fans de Frida Kahlo. Libros (Texto adaptado)

Taller de textos

1. Busca en un periódico, revista, Internet o cualquier otro medio de comunicación, una reseña literaria.

   - Pégala en tu cuaderno.

   - Señala en ella las diferentes partes o características de una reseña.

   - Comenta por escrito esas características de la crítica seleccionada, poniendo ejemplos concretos del texto que demuestren tus argumentos.

2. Escribe tu propia reseña basándote en algún libro que hayas leído recientemente.

17: El diario

¿Qué es?

Un diario es un recuento cotidiano de hechos, pensamientos y reflexiones que son importantes para la persona que lo escribe. Cómo género literario, es un subgénero de la autobiografía, y está a medias entre lo íntimo y lo público. Hay diferentes tipos de diarios, como el diario personal, el diario de viajes, o el diario político.

El diario es un tipo de texto descriptivo y narrativo que documenta la vida diaria del autor, y por ser un tipo de texto muy flexible y personal, puede incluir también pasajes argumentativos o expositivos.

Para escribir bien

El diario es un texto personal, subjetivo, intimista.

El diario:

- se escribe en primera persona
- es flexible en cuanto a su formato o estructura y también en cuanto al lenguaje que incluye (acepta lenguaje familiar e informal).

Desde el punto de vista estilístico, incluye lenguaje expresivo como exclamaciones y preguntas retóricas.

Tiene una base narrativa (los hechos incluidos) pero pueden prevalecer otros aspectos (descriptivos o reflexivos).

Cada entrada suele incluir algún tipo de cierre expresivo o valorativo.

Generalmente no se firma.

Análisis de un diario de viaje literario

Indicación del día

Primera persona

Narra

Metáfora Imagen literaria (táctil):

Comenta y describe (imagen táctil y visual)

Narra

Describe (imagen táctil y visual)

Comenta (incluye pregunta retórica)

Describe (imagen táctil y visual)

Comenta

Describe (imagen táctil y visual):

Metáfora

Comenta

Cierre: comparación metafórica propia de texto literario

Fragmentos de *Cronika* – libro inédito

por Karina Macció

Día 0   Hace meses que vengo preparando lo que tengo que llevar, y horas que empaco cosas que no sé si voy a usar.

Nunca nadie viene a despedirnos cuando viajamos [...]

Esta vez, vinieron todos, hasta mi tía [...]

Día 1   Me queda claro que viajar más de 8000 km. implica algunos cambios, radicales. [...] Llegó a hacer 40 grados de sensación térmica en Buenos Aires y pensé que no se podía vivir [...] En cambio, hoy sentí cuchillos atravesando el aire y con él, mi nariz, mis ojos, mis orejas. [...] Me sorprende el simple hecho de que dos intensas sensaciones opuestas provoquen el mismo efecto: el rojor ardiente, paspado[1] y tirante, pronto a agrietarse. [...]

Cuando salimos de JFK, tomamos un colectivo que nos llevó directo a Manhattan [...], y de nuevo vi el cementerio infinito que rodea a Nueva York [...]

Día 9

[...]

Esto era la nieve. Primero, cuando salimos del Whitney Museum, era una nevisca, yo decía que era como si las partículas del aire se hubieran congelado. Eran piedritas finísimas que cosquilleaban en la partes insensibles expuestas a la intemperie (puntita de la nariz, ojos, labios). Después, las piedritas comenzaron a inflarse, ya se parecían más a copos, pero no tan redondos. En realidad, no sé si existe el "copo", ¿no tendría éste que ser perfecto, redondo, pulposo? [...] Pero la nieve no cae así. En todo caso, eran unos copitos desnutridos aunque bonitos que primero caían vertical y armoniosamente. Nunca había visto el momento en que empieza a nevar tupido, cómo el paisaje se transforma en pocos minutos. Era de noche y todo gris oscuro, con las luces definidas y de repente el blanco empieza a ocupar cada rincón, en la calle, es una alfombra suave extendida que vas marcando a medida que caminás [...] Por momentos, parece azúcar, con la misma consistencia granulada y fina. Supongo que puede ser eso lo que hace que la nieve traiga una reminiscencia infantil: una ciudad fantástica, simplificada en sus formas, suave, con ilusión de nube, vestida o tapada de un brillo absoluto e ineludible. Por todos lados, el aire mismo tiene cualidad de tela, de sábana densa de terciopelo claro, clarísimo, eso es la nieve, un terciopelo blanco y fresco, dulce de caramelo. La sensación de pluma también es fuerte porque cuando te toca la nieve no moja, se apoya suavemente, casi flota, y uno la puede espantar con la mano si no quiere que pronto crezca una manchita de agua. [...] Al principio, la nieve se presiente en el cielo. Yo no lo sabía (no conocía este presentimiento) y pude darme cuenta luego de ver nevar varias veces. Desde la mañana el día parece cargado de gris, pero en realidad, es una acumulación insoportable de blanco. [...] Es raro, uno siente que algo va a rebalsar, igual que con una tormenta de agua, pero con un color distinto y con un tiempo distinto. La lluvia se desata, estalla, en general. Es verdad que a veces puede ser finita, pero es rápida. La nieve, en cambio, se va desenvolviendo, redondeando, y se puede seguir con la mirada su trayectoria sin perderse ni un momento. [...] En un segundo me pareció que había surgido un nuevo mundo y nos estábamos transformando para estar acordes con él. De juguete, irreal, inmóvil. [...] El tiempo, por lo tanto, también se ve alterado. La ilusión es que no pasa. [...]

Nosotros íbamos camino de Penn Station. Cuando **salimos** a Broadway pudimos ver que la vida sobre la tierra seguía existiendo [...] Era la zona (cuadrada y delimitada) del tiempo. Y **tuvimos** que correr entre la nieve ya muy pisoteada y cayendo como un olvido sobre nosotros.

(http://www.zapatosrojos.com.ar/cronicask/base.htm)

Taller de textos

1. Busca en un libro, periódico, revista, Internet o cualquier otro medio de comunicación, un fragmento de diario de viaje.

   • Pégalo en tu cuaderno.

   • Señala en el texto sus características narrativas, descriptivas y los comentarios.

   • Comenta por escrito esas características, poniendo ejemplos concretos del texto que demuestren tus argumentos.

   • Indica si se trata de un texto literario o no literario y por qué.

2. Escribe un diario de viaje real o imaginario siguiendo el modelo que acabas de estudiar. Puedes elegir el registro informal o el estilo literario. Indica qué registro has elegido y por qué.

18: El poema

¿Qué es?

Un poema es un texto literario, escrito generalmente en *verso*, que constituye una unidad de significado. Es decir es una unidad independiente, autónoma, que tiene sus propias reglas de construcción.

El *verso* es una palabra o conjunto de palabras que se caracterizan por presentar un ritmo.

El *ritmo* está relacionado con la idea de repetición, es decir con el retorno regular de los mismos elementos dentro de determinados periodos temporales. Esta situación es la que permite su relación con la música. De hecho, hay poemas que están musicalizados y se convierten en canciones. Los elementos que se repiten pueden ser elementos sonoros, o elementos de significado, por ejemplo, palabras. Cuando los sonidos que se repiten están al final del verso, se dice que los poemas tienen *rima*.

Denotación y connotación

La **denotación** es la relación de base entre el significado de una palabra y un objeto, un hecho, o una idea. Es el significado de la palabra que encontramos en un diccionario. El papel del receptor en el mensaje denotativo es pasivo: no agrega nada a la comprensión de base.

Además de la denotación, una palabra añade frecuentemente valores al significado básico. Estos valores varían de acuerdo con las personas y las diferentes culturas y constituyen la **connotación**. El papel del receptor en el mensaje connotativo es activo, ya que para decodificar el mensaje debe recurrir a nuevos códigos culturales y personales: la sociedad a la que pertenece, el contexto donde aparece la palabra, etc.

En el caso particular del lenguaje literario, la connotación adquiere una importancia fundamental para permitir la interpretación del mensaje y la creatividad del lector.

El trabajo específico sobre el lenguaje para poner énfasis en sus posibilidades expresivas y en su belleza, lo convierte en un objeto artístico

Características de la poesía:

Un poema puede:

- contar una historia (narrativo);

- describir una persona, situación
  o paisaje (descriptivo);

- expresar un estado de ánimo,
  un sentimiento o una idea.

Por la importancia que adquiere el lenguaje
dentro de este tipo de textos, se emplean para
construirlos recursos muy especiales.

Repeticiones de diferentes tipos:

- **aliteraciones**: repeticiones de sonidos
  (vocales, consonantes, sílabas)

- **anáfora**: repetición de una palabra o de un
  grupo de palabras al comienzo del verso

La **comparación**: es una relación entre dos
objetos, ideas, personas, situaciones, etc.
que se establece a través de un *nexo de
comparación* (como).

La **metáfora:** es una figura literaria que consiste
en trasladar el sentido de base a un sentido
figurado a través de una comparación tácita (se
piensa pero no se dice).

Las **imágenes** sensoriales: son expresiones
que destacan aspectos del significado
relacionados con los sentidos. Pueden
ser visuales, olfativas, auditivas, táctiles o
gustativas.

Preguntas retóricas: son preguntas para las
que no se espera necesariamente la repuesta.
Se deja abierta la duda.

Análisis de dos poemas

Título: Dos palabras forman una. ·····················
(Lenguaje sugerente)

Metáfora para dar definición

Repetición: anáfora

La metáfora (recurso principal del poema) como
sinónimo del poema: juego de palabras para abrir
posibilidades de interpretación

Repetición: dos significados de la palabra repetida
1. vale: está bien, es aceptable;
2. vale: tiene un precio.

malapalabra

Las palabras son bolsas adonde van a parar encrucijadas

que dejamos de precisar

y sin nombrar

vale todo:

vale que digas una palabra y yo escuche otra

distinta o contraria

vale que yo diga una palabra, dos, tres, y vos escuches siempre lo mismo

vale que alguien, uno, el-gran-ojo-que-todo-lo-ve diga una palabra y todos/

encuentren en ella un mensaje practicable

vale que una publicidad diga una palabra y todos compren el producto

vale que todas las palabras sean una metáfora

y la metáfora deje de existir

¡Cómo vale!

¡Cuánto vale la palabra!

mi moneda

tu moneda

la moneda

para cambiar e intercambiar

y quedarnos sin nada

para gastar saliva

y obtener a cambio

la comunicación

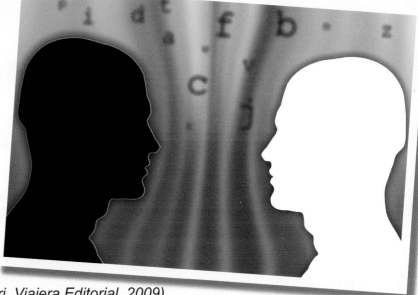

(Fragmento de Cecilia Maugeri, Viajera Editorial, 2009)

Título: juego de palabras través de la ·········· acentuación, las clases de palabras y los significados (lenguaje sugerente)

Equivalencia de significado creada en el texto: "esperar" = estar vacío (importancia de la preposición "sin")

Preguntas retóricas: queda abierta la duda del objetivo de la espera

Juego de palabras por sonidos repetidos y significados (dos campos: la espera; el árbol de peras)

© Advance Materials 201

La pérdida o la perdida

Es triste estar

simplemente estar

sin nadie ni nada

qué hacer

sin nadie ni nada que resolver

complicadamente estar

sola

esperar

algo

que no se

sabe bien

esperar

el "Amor"

la "Vida Feliz"

el "Encuentro"

Las Grandes Expectativas

Las Grandes Cosas

que hay que

Esperar

[…]

Las Grandes Esperanzas

¿no es un título?

¿no es una película?

¿no es----? ¿no es----? ¿no es----?

No es.

Es

perar:

Ser

un árbol

de peras:

Dar

peras:

Es

peras:

Llueven peras verdes y me golpean y no sé

qué hacer

qué esperar

(Macció, Karina. **La pérdida o La perdida**. Buenos Aires, Viajera Editorial, 2008.)

Taller de textos

1. Busca en un libro, revista, Internet o
    cualquier otro medio de comunicación,
    un poema.

    - Pégala en tu cuaderno.

    - Señala en el texto sus características.

    - Comenta por escrito esas características,
      poniendo ejemplos concretos del texto
      que demuestren tus argumentos.

2. Pega aquí el texto del poema que
    redactaste con tu grupo cuando trabajaste
    la Unidad 20.

Agradecimientos

Textos

Págs. 11 y 205: "El ruido perjudica la salud", 16.2.2009, http://www.mujeresycia.com/?x=nota/5803/1/el-ruido-perjudica-la-salud; pág. 15: "Ciclomotores ecológicos", 6.9.2008, http://www.mujeresycia.com/?x=nota/1797/1/ciclomotores-ecologicos; pág. 24: "El sombrero panamá", http://www.lafavoritacb.com/index.php?option=com_conte nt&view=article&catid=43:articulos&id=101:sombreropana ma; págs. 31, 32 y 217: "En esta casa no dejamos que entre el mosquito" and "No dejemos entrar al mosquito", http://www.msal.gov.ar/dengue/descargas/dengue_calco.pdf; págs. 31, 32, 34 y 35: www.msal.gov.ar; pág. 39: Alemany, L. "Imágenes y memorias del último viaje de Julio Cortázar", 17.3.2008, http://www.elmundo.es/elmundo/2008/03/16/cultura/1205663156.html; págs. 47 y 49: "Frida Kahlo: la pintura de su vida" and "El diario de su vida pintado", http://www.fridakahlofans.com./essaysp.html; pág. 55: "Che Guevara [Ernesto Guevara]": http://www.biografiasyvidas.com/biografia/g/guevara.htm; pág. 58: Uribe, H. http://alainet.org/active; pág. 65: Araújo. F. "Morir de opulencia", www.ucm.es/info/solidarios; pág. 73: Gimeno M., Director General de la Fundación Orange (España), "De cómo Borges adivinó Internet y otras fabulaciones", Auna Fundación, Observatorio de la S.I.; pág. 75: Cohen N. "¿Borges fue precursor de Internet?", Clarín. Revista Ñ, 8 de enero de 2008; pág. 85: "Pandemia de influenza", http://municipios.msal.gov.ar/1n1/1_gripe_a/gripe_a.php; pág. 87: "Información para la comunidad", http://municipios.msal.gov.ar/h1n1/4_comunidad/info_comunidad.php; pág. 95: "Cartas del Rey de España a su hijo": García Abad, J.: "10 cartas con las que le enseñó el oficio", Crónica EL MUNDO, Madrid, 23 de marzo de 2008; pág. 103: "Cartas del Rey al príncipe": García Abad, J., "10 cartas con las que le enseñó el oficio", Crónica EL MUNDO, Madrid, 23 de marzo de 2008; pág. 113: Araújo. F, "Hasta aquí hemos llegado", www. ucm.es/info/solidarios; págs. 119 y 271: Carignano H., "La guerra contra los jóvenes, entrevista con Rossana Reguillo Cuello", septiembre 2006, www.sitiocooperativo.com.ar y www.parapensarelpais.com. ar/paginaspensar/reguillo.html; págs. 137 y 283: "Te leo un cuento", http://irisfernandez.com.ar/betaweblog/?p=787; págs. 147 y 289: Fernández Bolvarán M. "Valorar las propias raíces ayuda a surgir", El Mercurio.com, domingo 30 de septiembre de 2007, http://diario.elmercurio.cl/detalle/index. asp?id={a3ffbcbc-eecf-45b3-88b6-9577571396a2}; pág. 155: Montoya, V. Amor en la Higuera, www.letras.s5.com: Página chilena al servicio de la cultura dirigida por Luis Martínez Solorza; págs. 163 y 299: Macció K. Crónicas – Polloso en Nueva York, http://www.zapatosrojos.com.ar/cronicask/base.htm; pág. 173: Alemany L. "Imágenes y memorias del último viaje de Cortázar", el mundo.es. Cultura y Ocio. Texto adaptado; pág. 176: Cortázar J. Rayuela, Buenos Aires, Editorial Sudamericana, 1963; pág. 177: Cortázar, J. El perseguidor y otros cuentos, Buenos Aires, Centro Editor de América Latina, 1967; págs. 183 y 305: Maugeri, C. Fragmento, Buenos Aires, Viajera Editorial, 2009; pág. 184: Neruda P. Confieso que he vivido: Memorias. Barcelona, Seix-Barral, 1974; págs. 185 y 307: Macció, K. La pérdida o la perdida, Buenos Aires, Viajera Editorial, 2008, http://karinamaccio.blogspot.com/2010/11/en-la-casa-de-la-lectura-leemos-y.html; págs. 187 y 223: "Que tu proyecto sea tu vida", www.mujeresycia.com; pág. 193: Lescano, C. Ascenso (inédito), http://tallerliterarioandesrosario.blogspot.com/; pág. 288: Adaptado de wikipedia: http://es.wikipedia.org/wiki/Reportaje

Imágenes

Portada: © Alexander – Fotolia; © Graça Victoria – Fotolia; © godfer – Fotolia; © Sebastian Fernandez – Fotolia; © Neale Cousland – Fotolia; © Mariusz Prusaczyk – Fotolia; © sbego – Fotolia; © Andres Rodriguez – Fotolia; © Phase4 Photography – Fotolia; © leonardo froy – Fotolia; © Alexander – Fotolia; © Jessica Blanc – Fotolia; © Steve Kim – Fotolia; celeste clochard – Fotolia; © Monika Adamczyk – Fotolia; © prayitno – Creative Commons; © ktsdesign – Fotolia (págs. 8, 9 y 201), © Christy Thompson – Fotolia (pág10), © Arto – Fotolia (pág10), © Renee Jansoa – Fotolia (pág10), © davidephoto – Fotolia (pág10), © Yuri Arcurs – Fotolia (pág10), © ktsdesign – Fotolia (pág10), psdesign1 – Fotolia (pág10), © K. Krueger – Fotolia (págs11 y 205), © DURIS Guillaume – Fotolia (pág12), © DWP – Fotolia (pág13), © Tomasz Trojanowski – Fotolia (pág13), © Cyril Comtat – Fotolia (pág14), © Oxygen (pág15), © Wordle.com (pág. 16), © mirpic – Fotolia (pág. 17), © Eric Wagner – Fotolia (pág. 17), psdesign1 – Fotolia (pág. 18), © jon11 – Fotolia (pág. 19), © Kzenon – Fotolia (pág. 19), © Yanik Chauvin – Fotolia (pág. 19), © YoTuT – Creative Commons (pág. 19), © Govert Nieuwland – Fotolia (pág. 19), © Freefly – Fotolia (págs. 21 y 207), © adisa – Fotolia (pág. 22), © felix – Fotolia pág. 22), © bsites – Fotolia (pág. 22), © klikk – Fotolia (pág. 22), © minifilm – Fotolia (pág. 22), © aline caldwell – Fotolia (pág. 22), © Johanna Goodyear – Fotolia (pág. 22), © Stephen Coburn – Fotolia (pág. 22), © Olga Gabai – Fotolia (pág. 22), © chiyacat – Fotolia (pág. 22), © Roman Sigaev – Fotolia (pág. 22), © Rafa Irusta – Fotolia (pág. 22), © robynmac – Fotolia pág. 22), © William Berry – Fotolia (pág. 22), © pandore – Fotolia (pág. 22), © Olga Vasilkova – Fotolia (pág. 22), © kaspar-art – Fotolia (pág. 23), © robert lerich – Fotolia (págs. 24 y 211), © Marcelo Cáceres (pág. 27), © www.msal.gov.ar (págs. 29 y 213), © Johanna Goodyear – Fotolia (pág. 30), © Zubada – Fotolia (pág. 30), © Andrzej Tokarski – Fotolia (pág. 30), © AZPworldwide – Fotolia (pág. 30), © www.msal.gov.ar (pág. 31), © www.msal. gov.ar (págs. 32 y 217), © Henrick Larsson – Fotolia (pág. 33), © Mario Muchnik (págs. 37 y 219), © Arcurs – Fotolia (pág. 38), © Mario Muchnik (págs. 39 y 222),© ElHormiguero – Creative Commons (pág. 40), © travis manley – Fotolia (pág. 40), © Galyna Andrushko – Fotolia (pág. 40), © Gabby DC – Creative Commons (pág. 41), © Danielle Bonardelle – Fotolia (pág. 42), © Stephen Coburn – Fotolia (pág. 43), © Darij and Ana – Creative Commons (pág. 45), © BooHoo – Fotolia (pág. 46), © Hellen – Fotolia (pág. 46), © Bozworthington – Fotolia (pág. 46), © Oliver Alex – Creative Commons (pág. 47), © GabrielaDuran – Fotolia (pág. 48), © Daniel Hohlfeld – Fotolia (pág. 48), © Bogdan Migulski – Creative Commons (pág. 49), © rainy city – Creative Commons (pág. 49), © Wolszczak – Fotolia (pág. 50), © Enrique Gomez – Dreamstime.com (pág. 50), © Nathalie Speliers Ufermann – Dreamstime.com (pág. 51), © Christian Frausto Bernal – Creative Commons (pág. 51), © Christian Frausto Bernal – Creative Commons (pág. 51), © velusariot – Fotolia (pág. 51), © Rainy City – Creative Commons (pág. 51), © Margarita Olvera Monterd – Creative Commons (pág. 51), © Augusto Starita – Creative Commons (pág. 53), © Christian Córdova – Creative Commons (pág. 54), © iMAGINE – Fotolia (pág. 54), © agaratsu – Dreamstime.com (págs. 55 y 235), © Fotodave – Fotolia (págs. 55 y 235), © piccaya – Fotolia (págs. 55 y 235), © Julian Stallabrass – Creative Commons (pág. 56), © Quim Gil – Creative Commons (pág. 58), © El Caganer – Creative Commons (pág. 59), © dzain – Fotolia (pág. 60), © Temistocle Lucarelli – Fotolia (pág. 60), © Juraj – Fotolia (pág. 60), © lc – Fotolia (pág. 60), © joef – Fotolia (pág. 61), © Great Divide Photo – Fotolia (pág. 64), © ZTS – Fotolia pág. 64), © ZTS – Fotolia pág. 64), © Toby Otter – Fotolia

Agradecimientos

(pág. 64), © Oleg Kozlov – Fotolia (pág. 64), © dethchimo – Fotolia (pág. 64), © Dmitry Ersler – Fotolia (pág. 64), © Sam D'Cruz – Fotolia (pág. 65), © Nikolay Okhitin – Fotolia (pág. 65), © Stuart Monk – Fotolia (pág. 65), © caimacanul – Fotolia (pág. 66), © hartphotography – Fotolia (pág. 67), © photoCD – Fotolia (pág. 68), © AlienCat – Fotolia (pág. 69), © Glue Stock – Fotolia (pág. 69), © Photosani – Fotolia (págs. 70, 71 y 237), © mostafa fawzy – Fotolia (pág. 72), © U.P.images – Fotolia (pág. 72), © Cybrain – Fotolia (pág. 72), © Fotosani – Fotolia (págs. 73 7 239), © photogl – Fotolia (pág. 76), © Jean-Pierre Dalbéra – Fotolia (pág. 77), © ErickN – Fotolia (pág. 79), © Gisela Giardino (pág. 79),© Forgiss – Fotolia (pág. 81), © Photosani – Fotolia (pág. 81), © Yarche – Fotolia (pág. 81), © artcop – Fotolia (pág. 81), © Nmedia – Fotolia (pág. 81), © Adam Gregor – Fotolia (pág. 83 y 243), © morganimation – Fotolia (pág. 84), © michanolimit – Fotolia (pág. 84), © maconga – Fotolia (pág. 84), © Barry Barnes – Fotolia (pág. 84), © © www.msal.gov.ar (pág. 85), © drubig-photo – Fotolia (pág. 86), © Rob – Fotolia (pág. 86), © Janulla – Fotolia (pág. 86), © www.municipos.msal.gov.ar (págs. 87 y 246), © Vladimir Voronin – Fotolia (pág. 87), © Huseyin Bas – Fotolia (pág. 88), © Christophe Fouquin – Fotolia (pág. 89), © USACE Public Affairs – Creative Commons (pág. 90), © James Thew – Fotolia (pág. 90), © Mel Silvers – Creative Commons (pág. 80), © Martin Luff – Creative Commons (pág. 90), © Steve Jurvetson – Creative Commons (pág. 91), © HeyPaul – Creative Commons (pág. 91), © א (Aleph) – Creative Commons (pág. 92), © א (Aleph) – Creative Commons (pág. 93), © adamgolabek – Fotolia (pág. 94), © Luis García – Creative Commons (pág. 94), © Richter Frank-Jurgen – Creative Commons (pág. 95), © ug – Fotolia (pág. 96), © José Luis de la Torre – Fotolia (pág. 96), © Karin Lau – Fotolia (pág. 97), © UggBoy♥UggGirl – Creative Commons (pág. 99), © Rosario Dickens (pág. 99), © א (Aleph) – Creative Commons (pág. 100), © Richter Frank-Jurgen – Creative Commons (pág. 101), © Dept of Energy Solar Decathlon (pág. 102), © Richter Frank-Jurgen – Creative Commons (pág. 103), © ALCE – Fotolia (pág. 104), © JoLin – Fotolia (pág. 105), © Kushnirov Avraham – Fotolia (pág. 107), © Klaus Eppele – Fotolia (pág. 109), © Alexey Klementiev – Fotolia (pág. 110), © alice rawson – Fotolia (pág. 111), © forestpath – Fotolia (pág. 111), © Lisa F. Young – Fotolia (pág. 111), © godfer – Fotolia (pág. 111), © Jaimie Duplass – Fotolia (pág. 111), © Simone van den Berg – Fotolia (pág. 111), © EastWest Imaging – Fotolia (pág. 111), © pressmaster – Fotolia (pág. 111), © Alexander Yakovlev – Fotolia (pág. 111), © Gino Santa Maria – Fotolia (pág. 111), © moodboard3 – Fotolia (pág. 111), © Lisa F. Young – Fotolia (pág. 111), © Juan Carlos Tinjaca – Fotolia (pág. 112), © godfer – Fotolia (pág. 113), © Lasse Kristensen – Fotolia (pág. 113), © carmeta – Fotolia (pág. 113), © Galina Barskaya – Fotolia (pág. 114), © Andres Rodriguez – Fotolia (pág. 115), © auremar – Fotolia (pág. 115), © Claudia Paulussen – Fotolia (págs. 117 y 267), © hurricane – Fotolia (pág. 118), © Wonderlane – Creative Commons (págs. 119 y 271), © Yuri Arcurs – Fotolia (pág. 123), © Brian Jackson – Fotolia (pág. 124), © Jose Manuel Gelpi – Fotolia (pág. 125), © Alexander Raths – Fotolia (págs. 127 y 273), © Stephen Sweet – Fotolia (pág. 128), © dundanim – Fotolia (128), © Vytenis Slajus – Fotolia (128), © Pei Ling Hoo – Fotolia (pág. 128), © Natalia Merzlyakova – Fotolia (pág. 128), © brozova – Fotolia (págs. 129 y 277), © V. Yakobchuk – Fotolia (pág. 131), © pressmaster – Fotolia (pág. 132), © Robert Mizerek – Fotolia (pág. 133), © Yanik Chauvain – Fotolia (págs. 135 y 279), © geometrix – Fotolia (pág. 136), © arrow – Fotolia (pág. 136), © Iris Fernández (págs. 137 y 283), © valeran3d – Fotolia (págs. 137 y 285), © Mike Haufe – Fotolia (pág. 138), © Iris Fernández (pág. 139), © Franck Boston – Fotolia (pág. 142), © Helder Almeida – Fotolia (pág. 142), © Mvcabral – Fotolia (pág. 143), © chris74 – Fotolia (págs. 145 y 285), © urosr – Fotolia (pág. 146), © jovengandalf – Creative Commons (pág. 146), © Tom – Creative Commons (pág. 146), © xevibp – Fotolia (pág. 146),

© Marecello Urra – Creative Commons (pág. 146), © http://diario.elmercurio.cl (págs. 147 y 289), © Fernando Valenzuela – Creative Commons (pág. 148), © Robinson Esparza – Creative Commons (pág. 150), © Hesíodo Góes – Creative Commons (pág. 151), © James Steidl – Fotolia (pág. 153), © Jonny Wilkinson – Fotolia (pág. 154), © KAR – Fotolia (pág. 154), © Augusto Starita (pág. 155), © raven – Fotolia (pág. 155), © Rafael Rodriguez – Creative Commons (pág. 156), © Augusto Starita (pág. 158), © Jason Stitt – Fotolia (pág. 159), © Imagenatural – Fotolia (pág. 159), © Olga Gabai – Fotolia (pág. 159), © ELEN – Fotolia (págs. 161 y 287), © klikk – Fotolia (pág. 162), © mark yuill – Fotolia (págs. 163 y 299), © mark yuill – Fotolia (pág. 163), © haru – Fotolia (pág. 167), © Sandra Gligorijevic – Fotolia (pág. 167), © David Abaro – Fotolia (pág. 168), © Joel Brooker – Fotolia (pág. 168), © Przemyslaw Moranski – Fotolia (pág. 168), © Przemyslaw Moranski – Fotolia (pág. 168), © Karsten Fischbach – Fotolia (pág. 168), © Przemyslaw Moranski – Fotolia (pág. 168), © lunglung – Fotolia (pág. 168), © Sergey Shaklein – Fotolia (pág. 168), © lunglung – Fotolia (pág. 168), © Sergey Shaklein – Fotolia (pág. 168), © Sergey Shaklein – Fotolia (pág. 168), © Przemyslaw Moranski – Fotolia (pág. 168), © Tan Kian Khoon – Fotolia (pág. 171), © Mario Muchnik (pág. 173), © Bomba Rosa – Creative Commons, © Inês Nin – Creative Commons (pág. 176), © Konovalov Pavel – Fotolia (pág. 177), © klikk – Fotolia (pág. 178), © queidea – Fotolia (págs. 181 y 301), © Natascha Farber – Fotolia (pág. 182), © AKS.com (pág. 182), © olly – Creative Commons (pág. 182), © Marc Dietrich – Fotolia (pág. 182), © Glenn Jenkinson – Fotolia (pág. 182), © Alx – Fotolia (pág. 182), © myszka – Fotolia (pág. 182), © DX – Fotolia (pág. 182), © Aramanda – Fotolia (pág. 182), © creative – Creative Commons (pág. 182), © julien tromeur – Fotolia (182), © Orlando Florin Rosu – Fotolia (pág. 182), © Liv Friis-larsen – Fotolia (pág. 182), © Alx – Fotolia (pág. 182), © ktsdesign – Fotolia (pág. 182), © mipan – Fotolia (pág. 182), © Anna Khomulo – Fotolia (pág. 182), © Irochka – Fotolia (pág. 182), © Photosani – Fotolia (págs. 183 y 305), © wrangler – Fotolia (págs. 185 y 307), © Michael Hieber – Fotolia (185 y 307), © Patricia Araque (págs. 187 y 223), © ioannis kounadeas – Fotolia (pág. 188), © ioannis kounadeas – Fotolia (pág. 189), © crimson – Fotolia (pág. 191), © Monkey Business – Fotolia (pág. 192), © Cristina Lescano (pág. 193), © jianfei su – Fotolia (pág. 194), © Paulus Rusyanto – Fotolia (pág. 194), © Tyler Olson – Fotolia (pág. 194), © Mike Robers – Creative Commons (pág. 195), © webmonkey44 – Creative Commons (pág. 196), © daniele devote – Creative Commons (pág. 197), © Mario Muchnik (págs. 221 y 224), © meow meow meow meow – Creative Commons (pág. 228), © Complot – Fotolia (pág. 249), © Yahia Loukkal – Fotolia (pág. 255), © João Freitas – Fotolia (pág. 259), © Anette Linnea Rasmus – Fotolia (pág. 263), © Brian Jackson – Fotolia (pág. 269), © picsfive – Fotolia (pág. 291).